Denken Sie auch manchmal, dass alle Ihre Facebook-Freunde, überhaupt alle anderen, ein auf-
regenderes Leben führen? Das ist nur gefühlt so,
versprochen. Die Wahrheit ist: Die meisten hassen
ihren Job und freuen sich morgens schon aufs
Zubettgehen. Frauen führen Beziehungen nur aus
Gewohnheit. Männer tragen ihre Unterhose
bis zu eine Woche. Wir treffen im Leben zwölf
Mörder, und 90 Prozent der Hände, die wir schütteln, werden auch zur Masturbation benutzt.
Weil das aber niemand postet, finden Sie diese
Wahrheiten hier. Die gute Nachricht: Die harten
Fakten können bisweilen ganz schön komisch sein.

Charlotte Caspa wuchs als jüngstes von neun
Geschwistern auf einem Erdbeerhof in Norddeich,
Holstein, auf. Sie arbeitet als freie PR-Beraterin
für große deutsche und internationale Mode- und
Kosmetikfirmen. Wenn sie Zeit hat, schreibt sie
Bücher über das Leben.

CHARLOTTE CASPA

UND DAFÜR HAB ICH MIR DIE BEINE RASIERT?

DIE GANZE WAHRHEIT ÜBER LIEBE, SEX UND DIE SUCHE NACH DEM GROSSEN GLÜCK

ROWOHLT TASCHENBUCH VERLAG

Originalausgabe
Veröffentlicht im Rowohlt Taschenbuch Verlag,
Reinbek bei Hamburg, März 2018
Copyright © 2018 by Rowohlt Verlag GmbH,
Reinbek bei Hamburg
Umschlaggestaltung ZERO Media GmbH, München
Umschlagabbildung FinePic®, München
Satz aus der Pensum Pro bei Dörlemann Satz, Lemförde
Druck und Bindung CPI books GmbH, Leck, Germany
ISBN 978 3 499 63303 4

FÜR RYAN GOSLING.

Ruf mich an, Ryan.
Meine Nummer hab ich dir ja geschickt.
Mehrfach.

INHALT

TJA.
EIN VORWORT DER WARNUNG 9

1. HERRJEMINE!
DIE GANZE WAHRHEIT ÜBER MÄNNER 13

2. SCHLIMM!
DIE GANZE WAHRHEIT ÜBER ANDERE MENSCHEN 31

3. AU BACKE!
DIE GANZE WAHRHEIT ÜBER KÖRPER UND KRANKHEITEN 57

4. GANZ ÜBEL!
DIE GANZE WAHRHEIT ÜBER DEN JOB 81

5. KRASS!
DIE GANZE WAHRHEIT ÜBER FREUNDSCHAFTEN 109

6. OJE!
DIE GANZE WAHRHEIT ÜBER DIE LIEBE 127

7. ERNSTHAFT?!
DIE GANZE WAHRHEIT ÜBER PARTNERSCHAFT 145

8. ICH WUSSTE ES!
DIE GANZE WAHRHEIT ÜBER FRAUEN 163

9. KOMM SCHON!
DIE GANZE WAHRHEIT ÜBER SEX 177

10. IHR AUCH?
DIE GANZE WAHRHEIT ÜBER KINDER UND FAMILIE 215

11. BITTER!
DIE GANZE WAHRHEIT ÜBER DAS GROSSE GLÜCK 229

12. SEUFZ!
DIE GANZE WAHRHEIT ÜBER DAS LEBEN 241

NA, DANN.
SCHLUSSWORT 251

TJA.
EIN VORWORT DER WARNUNG

«Please, please, please, for once in my life,
let me, let me, let me get what I want.
This time.»
– *The Smiths, Please Please Please*

Hallo, liebe Leserin,
ach, und hallo, lieber Leser,

schön, dass Sie sich für dieses Buch entschieden haben. Warum bloß? Das fragen wir später.

Bevor Sie jetzt gleich zum Sexkapitel vorblättern, gestatten Sie mir doch noch ganz kurz den Versuch einer Einleitung.

Das Thema ist ja so weit bekannt:

Das Leben ist nicht immer megasupi!

Ja, so sieht's aus. Nun werden Sie das sicherlich selbst schon hier und da mitbekommen haben. Die Erkenntnis ist nicht ganz neu. Befragt man zum Beispiel den Volksmund nach dem Leben an sich, bekommt man folgende Antworten: Es ist a) kein Wunschkonzert, b) kein Kindergeburtstag, c) kein Ponyhof. Richtig, richtig und richtig.

Um auch die jüngeren Leser mit ins Boot zu holen, würde ich hier gern noch eine Eigenkreation ergänzen: d) Das Leben ist keine Facebook-Timeline.

Der Job nervt. Der Chef hat keine Ahnung. Das Geld ist knapp. Es regnet andauernd. Der Sex ist gar nicht so megaheiß. Die Jeans passt nicht mehr. Sport ist dann doch sehr anstrengend. Ihr Partner versteht Sie nicht die Bohne. Überhaupt nichts klappt, wie es soll. Träume platzen einfach. Sie verplempern eigentlich nur Ihre Zeit. Auf Freunde ist keinerlei Verlass. Auf Facebook sehen alle anderen immer so gut aus – und liegen ständig am Strand. Die Nachbarn sind komplett irre. Die Langeweile nagt. Irgendwas stinkt. Der Akku ist schon wieder leer. Aber die Sehnsucht brennt weiter. Die Männer sind sowieso alle verrückt. Und die Frauen alle gestört. Keiner mag Sie. Von lieben ganz zu schweigen. Das Leben, es kratzt, und es beißt.

Jeder kämpft nur für sich allein. Neid, Angst, Gier – und überall Hater. Man ist immer krank. Und hässlich. Nichts macht Sinn. Die neue Frisur ist fürchterlich. Gar nichts geht voran. Immer dasselbe. Bald ist wieder ein Jahr rum. Man wird alt. Kurzum: Es ist alles zum Heulen. Und schon wieder muss man den Eyeliner nachziehen.

Kennen Sie das? Tja, kennt jeder. Aber kommt einem das jetzt alles nur so vor? Weil man immer übertreiben muss? Und nur das Schlechte sieht? Oder ist es alles wirklich so?

Um gleich das ganze Buch vorwegzunehmen:

Ja, es ist wirklich so!

Das Leben ist mies. Es ist gefährlich. Gemein. Respektlos. Traurig. Hinterhältig. Unfair. Undankbar. Und alles in allem ist es lächerlich ohne Ende. Nur halt mit Ende.

Ein riesiger, schlechter Witz mit einer so was von verpatzten Schlusspointe.

Insofern ist das Buch hier eigentlich ein richtiges Witzebuch. Ich schätze mal, Sie können hier und da sogar ordentlich lachen. Manches ist allerdings wirklich traurig. Sorry.

In diesem Buch finden Sie – fein säuberlich aufgereiht – alle bitterkalten und brettharten Fakten und ernüchternden Erkenntnisse. Über die Liebe, den Sex, über Freundschaften, über Männer, über Frauen, Erfolg, Gesundheit, über die Arbeitswelt und über Ihren schlaffen Körper. Über die gesamte Menschheit, Ihr ganzes Leben und die ewige Suche nach dem Glück. Ein Buch voller Schattenseiten. Wir jagen hier von einem Tiefpunkt zum nächsten. Es bleibt Ihnen wirklich nichts erspart. Die Wahrheit ungeschminkt. Bzw. unrasiert.

Bleibt die Frage:

Warum tun Sie sich das an?

Machen wir uns nichts vor: Wir machen uns alle etwas vor. Also warum hier und heute damit aufhören? Warum wollen Sie sich die Illusionen nehmen? Das lässt entweder auf eine ausgeprägte masochistische Ader, auf ein tiefschwarzes Humorverständnis oder auf eine schrecklose Neugier schließen.

Toll. Toll. Toll.

In allen drei Fällen werden Sie hier nämlich mehr als fündig. Freuen Sie sich.

Ich hoffe eigentlich nur, dass ich Sie einigermaßen leichtfüßig und schadenfrei durch die gesammelten Wahrheiten führen kann. Versucht hab ich es zumindest.

Nun denn, alle bereit? Dann nehmen wir jetzt alle die rosa Brille ab – und gucken uns den ganzen Schlamassel mal genau an. Festhalten bitte, es wird etwas ruckelig.

Viel «Spaß»!

Ihre
Charlotte Caspa,
St. Tropez im Spätsommer 2017

1. HERRJEMINE!
DIE GANZE WAHRHEIT ÜBER MÄNNER

Es ist ein Junge! Jahaaa, im Kreißsaal, da ist die Freude noch groß. Doch sobald die Nabelschnur dann durch ist, geht es auch schon rapide bergab. Zack. Plötzlich muss man sich wegen seines Fußballvereins von Wildfremden auf Bahnsteigen anpöbeln lassen, entfernten Bekannten Klaviere in den vierten Stock wuchten, in den Krieg ziehen, pünktlich zu Ostern stundenlang beim TÜV rumstehen, um das Motorrad für den Sommer rückzumelden, flüchtig Frauen auf den Arsch starren, betrunken Hasspostings in Foren schreiben und mitten in der Nacht wegen irgendwelcher Geräusche im Keller «nach dem Rechten» sehen.

So leben sie: Männer!

«Männer haben es schwer. Männer weinen heimlich», heißt es in einem alten deutschen Volkslied. Und tatsächlich ist das Mannsein wohl wirklich nicht gerade das Gelbe vom Ei: Körpergröße, Muskelapparat und Hormonspiegel sorgen bei ihnen für eine rumpelige Kerligkeit, die auch den Männern selbst bisweilen ganz gehörig auf den Sack geht.

Man erkennt es leicht daran, was Männer so machen, wenn sie mal nichts machen müssen: Sie sitzen oder liegen einfach so rum. Einigermaßen zufrieden. Das scheint ihre Werkseinstellung zu sein. Kein Wunder also, dass sie dann immer ganz wild werden, wenn man sie aus ihrer natürlichen Schonhaltung aufschreckt. Die Folgen: Stress. Wut. Penissachen. Herzinfarkt. Und ein Todeszeitpunkt, der so viele gute Jahre vor dem der Frau liegt.

Auf der anderen Seite: Männer können auch ganz tolle Sachen. Grölen und Rückwärtseinparken fallen einem sofort ein. Und ... aber, stopp jetzt. Darüber gibt es bessere Bücher von schlaueren Menschen. Wir wollen hier auch nichts entschuldigen; das Mannsein ist letzten Endes auch nur anders bitter als das Frausein. Gucken wir uns einfach mal die Fakten an:

Traurige Wahrheit 001
MÄNNER STERBEN FÜNF JAHRE FRÜHER ALS FRAUEN.
Im Jahr 2015 betrug die durchschnittliche Lebenserwartung neugeborener Jungen 77 Jahre und 9 Monate. Die entsprechende Zahl für neugeborene Mädchen lautet hingegen: 82 Jahre und 10 Monate. Neben riskikoreicherem Verhalten (Kriegsdienst, Straßenbau etc.) trifft ihr schneller alterndes Immunsystem die Hauptschuld.
Weltweit beträgt die Lebenserwartung 64,52 Jahre für Männer und 68,76 für Frauen.

Quelle: World Health Organization

Traurige Wahrheit 002
GLÜCKLICHE MÄNNER SIND UNBELIEBT.
Glücklich sein macht einsam: Der zufrieden-entspannte Ausdruck auf dem Männergesicht ist in der Wahrnehmung der Frauen der unattraktivste. Am besten kommt man bei Frauen an, wenn man Stolz ausstrahlt.

Quelle: Jessica L. Tracy, Alec T. Beall, «Happy Guys Finish Last: The Impact of Emotion Expressions on Sexual Attraction», 2011

Traurige Wahrheit 003

MÄNNER KÜSSEN NICHT GERN GESCHMINKTE LIPPEN.

Nur acht Prozent der deutschen Männer küssen gerne auf Lippenstift. Diese Vorstellung kann man sich also abschminken. Oder als Frau gezielt einsetzen: um beim Ausgehen die Typen auf Abstand zu halten.

Quelle: Brigitte

Traurige Wahrheit 004

MÄNNER HABEN WENIGER GESCHMACK.

Das Leben als Mann schmeckt wesentlich fader. Frauen haben schon von Kindheit an einen besseren Geschmackssinn als Männer. Der Grund liegt in der Anzahl der Geschmacksknospen auf dem Zungenrücken und am Gaumen. Die ist bei Frauen wesentlich höher.

Quelle: Wikipedia / University of Copenhagen

Traurige Wahrheit 005

MÄNNER BRINGEN SICH HÄUFIGER UM.

Männer töten sich etwa dreimal so häufig wie Frauen. Obwohl die Leidensgründe bei beiden Geschlechtern gleich ausgeprägt sind, sterben Männer bei Selbstmordversuchen wesentlich häufiger. Laut der Theorie legen Männer, die sich umbringen wollen, es deutlich stärker darauf an, dabei auch wirklich zu sterben. Während Frauen ihre Freitodversuche häufig überleben, wählen Männer meist Arten, die ihrem Leben wirklich endgültig ein Ende setzen.

Quelle: Silvia Sara Canetto, Isaac Sakinofsky, «The gender paradox in suicide», 1998

Traurige Wahrheit 006

ÜBER 94 PROZENT ALLER HÄFTLINGE SIND MÄNNER.

In Europa. Im Jahr 2016. Die Quote ist aber weltweit in etwa seit Jahren gleich. Männer sitzen ein wegen Gewalt-, Einbruchs- und Drogendelikten. Bei den wenigen inhaftierten Frauen dominieren Betrugsdelikte.

Quelle: Europarat Space-Studie

Traurige Wahrheit 007

AUF 100 NEUGEBORENE MÄDCHEN KOMMEN 107 JUNGEN.

Diese ungleiche Verteilung ist Mutter Naturs kaltschnäuzige Kalkulation: Durch die höhere Sterblichkeit bei Jungen werden die Verhältnisse bis zum 6. Lebensjahr wieder ausgeglichen.

Quelle: David P. Barash, Judith Eve Lipton, «Gender Gap: The Biology of Male-Female Differences», 2001

Traurige Wahrheit 008

MÄNNER HABEN KEINE AHNUNG, WIE LANGE ETWAS, DAS SIE SAGEN, EINER FRAU IM GEDÄCHTNIS BLEIBT.

Quelle: Pinterest

Traurige Wahrheit 009

SIXPACKS MACHEN MINDERWERTIG.

Und zwar die Sixpacks der anderen. 72 Prozent aller Männer fühlen sich von den Männerzeitschrifttitel-Workout-Herren nicht motiviert – sondern deprimiert.

Quelle: One Poll

Traurige Wahrheit 010

AB 50 SCHNARCHT JEDER ZWEITE MANN.

Je oller, je doller. Im Alter geht es im Bett immer noch richtig rund. Vor allem für die Frauen, die sich neben ihrem gut ausgelasteten Sägewerk rotäugig durch die Laken wühlen. Schnarchen des Partners ist übrigens der Hauptgrund für Schlaflosigkeit bei Frauen.

Quelle: American Academy of Neurology

Traurige Wahrheit 011

MÄNNER GAFFEN VON NATUR AUS GERN.

Angeboren also. Aha. Soso. Und nicht nur die Herren der Gattung Homo sapiens, sondern auch viele andere männliche Primaten wie Makaken sind Augen-«Menschen»: Visuelle Reize stimulieren das Männerhirn deutlich schneller und deutlich stärker als das weibliche. Ihr Cortex kann visuelle Signale signifikant schneller verarbeiten. Warum? Wieso? Die Forscher sehen hier einen Selektionsvorteil: So kann ein Mann anhand visueller Informationen schnell die Empfängnisbereitschaft einer Frau abschätzen. Und das lässt seine Augen unablässig wandern. Abschätzig.

Quelle: Stephen Hamann, Rebecca A. Herman et al., «Men and Women differ in amygdala response to visual sexual stimuli», 2004

Traurige Wahrheit 012

JUNGE MÄNNER LEIDEN MEHR.

Viel mehr als junge Frauen. Die haben nämlich mehr
Freundinnen. Und mit denen können sie ihr Leid teilen.
Mit-geteiltes Leid ist eben halbes Leid. Männer machen die
Sache mit sich allein aus. Ganz allein.

Quelle: Fischer, Studie der Florida State University

Traurige Wahrheit 013

MÄNNER KÖNNTEN VIEL LÄNGER LEBEN ...,
... WENN SIE SICH KASTRIEREN LIESSEN.

Gute und schlechte Nachricht zugleich: Es gibt einen Jung-
brunnen für Männer! Aber dafür muss man das Übel schon
sehr eindeutig an der Wurzel packen. Die Auswertung der
Lebensläufe von Eunuchen lieferte diese schmerzhafte
Erkenntnis: Bei Untersuchung von Männern, die durch Ein-
griffe, Unfälle oder Hundebisse vollständig kastriert wurden,
kamen die Forscher zu der Erkenntnis, dass diese Männer
ihre zeugungsfähigen Geschlechtsgenossen – im Schnitt –
zwischen 14 und 19 Jahren überlebten. Das ergibt eine
Lebenserwartung, die sogar über der der Frauen liegt.

Quelle: Kyung-Jin Min, Inha University

Traurige Wahrheit 014

MÄNNER SCHWITZEN – DOPPELT SO VIEL WIE FRAUEN.

Aber nicht nur beim eingangs erwähnten Wuchten des Kla-
viers in den 4. Stock, sondern auch im direkten Geschlech-
tervergleich bei ein und derselben Tätigkeit unter den glei-

chen Bedingungen. Sowohl bei Männern als auch bei Frauen nimmt die Schweißproduktion aber mit dem Alter ab.

Quelle: Inoue, Osaka International University

Traurige Wahrheit 015

10 PROZENT ALLER MÄNNER TRAGEN IHRE UNTERWÄSCHE EINE GANZE WOCHE.

Und das ist wohl ausnahmsweise mal nicht genetisch, sondern einfach nur noch ur-ekelig. Nicht einmal zwei Drittel der Männer in Deutschland wechseln täglich ihre Unterhosen! Nur 62 Prozent der Männer greifen jeden Morgen zur frischen Buxe. Bei den Frauen sind es knapp 80 Prozent. Mit dem Alter nimmt das Hygienebewusstsein generell ab: Bei den 14- bis 54-jährigen Männern holen noch immerhin 67 Prozent täglich einen sauberen Schlüpfer aus dem Schrank. Bei den Älteren ist es nur doch jeder Zweite. Puh.

Quelle: Umfrage des Marplan-Instituts

Traurige Wahrheit 016

HOHE STIMME = WENIG KINDER.

Mehr Bass! Männer mit Brummstimme beeindrucken Frauen offenbar auch gleichsam tiefer. Sie gelten schlichtweg als attraktiver. Mit der direkten Folge, dass sie auch mehr Kinder produzieren als Männer mit hohen Stimmchen.

Quelle: Untersuchung der Harvard University

HUNGRIGE MÄNNER MÖGEN DICKE FRAUEN.

Hungrig nach Liebe: Während satte Männer bevorzugt auf dünnere Frauen stehen, verzehren sich Männer mit leerem Magen geradezu nach Frauen mit einem wuchtigeren Body-Mass-Index.

Quelle: Pettijohn II, British Journal of Psychology, 2006

Traurige Wahrheit 018

MÄNNER MÖGEN NATÜRLICHE FRAUEN
… SO NATÜRLICH WIE KIM KARDASHIAN.

Das Gros der Männer gibt an, auf «ganz natürliche Frauen» zu stehen. So weit, so gut. Auf die Nachfrage, wen sie denn spontan als «natürliche Schönheit» bezeichnen würden, lautet die überraschende Antwort: Keine Geringere als … KIM KARDASHIAN! Dabei wird wohl kaum ein Promi von mehr Make-up bedeckt, von mehr Stylisten umschwirrt und von mehr Instagram-Filtern verzerrt.
Eine weitere Studie belegt zudem, dass eine geschminkte Frau in einer Bar sechs Minuten schneller angesprochen wird als eine ungeschminkte. So viel also zur natürlichen Vorliebe.

Quelle: Umfrage TLC / Chemistry – onlinedatingpost.com

Traurige Wahrheit 019

MÄNNER FAHREN ZUM LEBENSMITTELEINKAUF ZWEIMAL SO OFT AN DIE TANKSTELLE WIE FRAUEN.

Kann man eigentlich selber messen, wurde aber endlich auch mal ausführlich wissenschaftlich erforscht.

Quelle: Berliner Morgenpost

DIE GANZE WAHRHEIT ÜBER MÄNNER

KLEINE MÄNNER SIND WENIGER ERFOLGREICH.

Ja, size matters! Es gibt einen klaren Zusammenhang zwischen der Körpergröße und der Hierarchie-Ebene – dies wurde an 15 000 Männern gemessen: Je größer der Mann, desto eher besitzt er eine Führungsposition.

Quelle: Erik Lindqvist, «Height and Leadership», 2010

Traurige Wahrheit 021

MÄNNER VERSTEHEN FRAUEN NICHT.
ALSO, SO WIRKLICH NICHT.

Eines der größten Klischees aller Zeiten. Und doch, es stimmt. Forscher haben herausgefunden, warum. Männern fällt es ernsthaft unfassbar schwer, Gefühle von Frauen zu erkennen. Anhand von Bildern unterschiedlicher männlicher und weiblicher Augenpaare wurden Männer gebeten, deren Emotionen zu deuten. Misstrauisch, verängstigt oder wütend?

Das Ergebnis: Bei den Männeraugen konnten die Studienteilnehmer die dazugehörige Emotion ohne Problem zuweisen. Bei Frauenaugen dagegen fanden sie es doppelt so schwer.

Mit Hilfe von Gehirnscans fanden die Wissenschaftler dann den Grund für die Probleme:

Wenn Studienteilnehmer Männeraugen zu sehen bekamen, wurde die Amygdala-Region im Gehirn verstärkt aktiv. Der Mandelkern, wie der Bereich auch genannt wird, ist wesentlich an der Entstehung von Angst beteiligt. Er spielt eine wichtige Rolle der Wiedererkennung von Situationen und der Bewertung von Gefahren. Demnach riefen die Probanden beim Anblick der männlichen Augen eigene Erfahrungen ab und sie konnten sich besser einfühlen. Die Augen von Frauen riefen dagegen kaum Reaktionen im Amygdala-Bereich hervor. Da kein Abgleich mit den eigenen Erfahrungen stattfindet, konnten die Probanden nur schlecht die weiblichen Gefühle lesen. Und wie schon so häufig ist dieses Defizit wohl auch in der Evolutionsgeschichte begründet: Auf der Jagd war es für Männer überlebenswichtig, Rivalen auszuschalten. Deswegen mussten sie in der Lage sein, schnell zwischen Freund und Feind unterscheiden zu können.

Quelle: Studie der Universität Duisburg-Essen / *Public Library Of Science ONE*

Traurige Wahrheit 022

MÄNNLICHE FLIRTVERSUCHE KOMMEN EINFACH NICHT AN.

Vier von fünf männlichen Flirtversuchen landen im Nirwana. Oder sonst wo. Auf jeden Fall nicht bei der beflirteten Frau. Die registriert das alles meist überhaupt nicht.
Frauen bemerken die gesuchte männliche Aufmerksamkeit in nicht mal einem von fünf Fällen. Während die Frauen in nur 18 Prozent aller Fälle mitbekamen, ob ihr Gegenüber mit ihnen flirtete, lagen die Männer mit immerhin 36 Prozent zwar etwas höher – aber auch erstaunlich oft daneben. Beide Geschlechter sind jedoch ziemlich treffsicher, wenn es darum geht zu erkennen, ob nicht geflirtet wurde. In über 80 Prozent aller Fälle tippten Männer und Frauen dann goldrichtig.

Quelle: Jeffrey Hall, «Flirtatious Miscommunication», 2015

MÄNNER BEKOMMEN LIEBER ELEKTROSCHOCKS, ALS GANZ ALLEIN MIT IHREN GEDANKEN ZU SEIN.

Unser Gehirn lauert jederzeit auf mentale Reizungen. Sie sind, mal salopp gesagt, seine Nahrung. Leerlauf ist hier nicht erwünscht. Für Männer ist das wohl besonders schlimm: Klinische Versuche, in denen Männer für nur 15 Minuten in einem Raum allein gelassen wurden, zeigen, dass sie jedwede Art von Ablenkung bevorzugen, wenn sie damit nur der Langeweile entkommen können.

Um nur nicht allein dazusitzen und ihren Gedanken nachzuhängen, war ihnen jede Art von Aktivität willkommen. Sogar leichte Elektroschocks wurden der Ruhe vorgezogen.

Quelle: Timothy Wilson et al., «The challenges of the disengaged mind», 2014

DER LINKE HODEN HÄNGT IMMER TIEFER ALS DER RECHTE.

So zwischen ein und zwei Zentimeter. Nicht wirklich traurig. Aber nur um mal zu zeigen, mit was sich Männer täglich so rumschlagen müssen. Und warum ist das mit den Hoden so? Einfache Antwort: Damit sie beim Rumlaufen nicht gegeneinanderstoßen. Wer jetzt lacht, kann das sofort mal mit zwei Eiern in einer Socke nachspielen.

Quelle: webmed.com

MÄNNER WERDEN FÜNFMAL SO OFT VOM BLITZ GETROFFEN WIE FRAUEN.

Natürlich nicht weil sie anziehender sind oder stahlhart, sondern schlicht und einfach weil sie sich öfter draußen aufhalten. Zum einem zum Bolzen oder Angeln, zum anderen aber weil – und das ist der Hauptgrund – ein Großteil der Arbeiten im Freien nach wie vor von Männern ausgeführt werden, während Frauen ihrer Beschäftigung zumeist in einem Gebäude – unter einem Dach mit Blitz-ableiter – nachgehen.

Quelle: National Oceanic and Atmospheric Administration

Traurige Wahrheit 026

IHREN ERSTEN HERZINFARKT BEKOMMEN MÄNNER MIT 66 JAHREN.

Herzkrankheiten sind ihre Todesursache Nummer eins.

Quelle: Harvey B. Simon, «The Harvard Medical School Guide to Men's Health», 2004

Traurige Wahrheit 027

EIN JAHR IHRES LEBENS STARREN MÄNNER AUF FRAUEN.

Der durchschnittliche Mann verbringt 43 Minuten seines Tages damit, Frauen anzugucken. Zehn verschiedene Frauen müssen sich dabei von seinen Blicken mustern lassen. Aufs Jahr gerechnet sind das volle 11 Tage. Und knapp 12 Monate in der Zeit zwischen seinem 18. und 50. Geburts-tag. Ein Jahr Glotzen.

Auch Frauen scannen ab, kommen dabei aber nicht mal auf die Hälfte der männlichen Zeit. Der andere große Unterschied ist, dass Frauen die Blicke oft meist unangenehm sind, während Männer sich geschmeichelt fühlen.

Quelle: Kodak Lens Vision Centre

Traurige Wahrheit 028

MÄNNER LEIDEN WIRKLICH MEHR UNTER DER GRIPPE.

Männergrippe! Haha! Ein Witz. Gern und oft erzählt. Dabei geht er gleich doppelt auf Kosten der Herren. Zum einen werden sie verspottet, zum anderen trifft sie Grippe wirklich viel härter. Hohe Testosteronwerte sorgen bei ihnen dafür, dass das Immunsystem den Virenangriff schlechter bewältigen kann.

Quelle: Stanford University School of Medicine

Traurige Wahrheit 029

MÄNNER LÜGEN DOPPELT SO OFT WIE FRAUEN.

Sei es der Partner, die Kollegen, der Boss – wer die Wahrheit erträgt oder ertragen will, spricht wahrscheinlich besser mit einer Frau.

Quelle: Umfrage 20th Century Fox Home Entertainment

Traurige Wahrheit 030

SCHÖNE FRAUEN MACHEN MÄNNER RISIKOBEREITER.

Und wo kann man so was besser testen als beim – richtig! – Schach. Schach? Wieso Schach? Wieso nicht? Das Forscherteam analysierte auf jeden Fall Partien von über 626 Schachspielern. Unabhängig davon bewerteten 2000 Personen die Attraktivität der Spieler. Das Ergebnis: Männer, die gegen attraktive Frauen antraten, verhielten sich dabei völlig anders. Sie wählten wesentlich häufiger riskante Eröffnungsstrategien.

Außerdem gab es in solchen Begegnungen seltener Unentschieden. Und auch hier war ein alter Bekannter verantwortlich: der Testosteronspiegel. Die Anwesenheit einer schönen Frau sorgt bei Männern demnach für mehr Testosteron und in der Folge für eine erhöhte Risikobereitschaft.

Quelle: Anna Dreber, Christer Gerdes, Patrik Gränsmark, «Beauty Queens and Battling Knights: Risk Taking and Attractiveness in Chess», 2010

Traurige Wahrheit 031

SCHÖNE FRAUEN MACHEN MÄNNER DUMM.

Schön blöd: Die Anwesenheit einer hübschen Frau verschlechtert bei Männern das Kurzzeitgedächtnis, verlangsamt ihre Reaktionsgeschwindigkeit und verzögert ihre Entscheidungsfindung.

Quelle: Johan Karremans, «Interacting with women can impair men's cognitive functioning», 2009

Traurige Wahrheit 032

WAS EIN MANN TUN WÜRDE, WENN ER FRAUEN NICHT BEEINDRUCKEN MÜSSTE.

Was wäre, wenn die Herren mal nicht immer zwanghaft die Damen von sich überzeugen müssten? Gute Frage. Hier die Antwort in der Sprache der Ökonomen: Hätten Karriere-Entscheidungen keinerlei Einfluss auf den späteren Ertrag am Heiratsmarkt, so sänken auch die Ambitionen der Männer signifikant. Männer würden vor allem weniger lernen, weniger arbeiten und viel eher zu handwerklichen Berufen tendieren.

Quelle: Eric Gould, «Marriage and Career: The Dynamic Decisions of Young Men», *Journal of Human Capital*, 2008

Traurige Wahrheit 033
WIE ES WIRKLICH IST, EIN MANN ZU SEIN.
Für die *Psychology Today* hat der Psychologe Dr. Douglas T. Kenrick dankenswerterweise noch mal kurz zusammengefasst, wie es ist, ein Mann zu sein. Hier wiedergegeben in gebotener Kürze:

1. **Die Leute wollen ihnen weh tun.** Im Gegensatz zu Frauen schlagen Männer sich oft. Sie sind aggressiv zueinander. Physisch. Als Kinder, als Teenager, im Sport, im Krieg. Männer kämpfen. Sie töten sich. Ja, auch Frauen töten. Selten. Und wenn, dann meist einen Mann.

2. **Sie haben Schwierigkeiten, ihre Impulse zu kontrollieren.** Drogen- und Alkoholmissbrauch, sexuelle Übergriffe, Gewaltausbrüche, Schwierigkeiten im Job und Kriminalität. Alles Männerdomänen.

3. **Für einen großen Teil ihres Lebens haben Sie ein irrationales Verlangen nach Sex.** Es verwirrt den Kopf. Mehrfach am Tag.

4. **Die von ihnen begehrten Sexualpartnerinnen werden ihre Dringlichkeit nicht erwidern.** Wie sehr ein Mann auch will, die Frauen wollen nicht so.

5. **Sie fühlen sich gezwungen, viel Geld zu verdienen und es dann öffentlich wieder aus dem Fenster zu schmeißen.** Männer machen stressvollere und gefährlichere Arbeiten, sie arbeiten länger, sie ignorieren ihre Freunde und ihre Familie. Sie stehlen, dealen, betrügen. Alles nur wegen Geld. Und damit müssen sie sich dann zum Affen machen – mit Dingen, die kein Mensch braucht, aber Männer müssen sie haben: Autos mit 1000 PS, Uhren mit 24 Karat. Denn: Alle sollen es sehen.

6. **Für all diese Probleme finden sie schwer sozialen Rückhalt.** Männersorgen will eigentlich keiner hören. Mit anderen Männern kann man eh nicht reden (außer eben über 1000-PS-Autos). Und Frauen begegnen möglichen platonischen Freundschaften mit heterosexuellen Männern sehr skeptisch.

7. **Und dann sterben sie auch noch (jünger).** Testosteron schadet dem Immunsystem, es begünstigt all die riskanten Dinge, die Männer machen: waghalsiges Verhalten, unsinnige Wettbewerbe, sexuelle Obsessionen, Aggression, Kriminalität.

Quelle: Douglas Kenrick, *Psychology Today*

2. SCHLIMM!
DIE GANZE WAHRHEIT ÜBER ANDERE MENSCHEN

Sie sind mittlerweile einfach überall! Jeden Tag – von früh-morgens bis spätabends. Sie sitzen bereits im Bus, wenn Sie einsteigen. Oder im Wagen vor Ihnen im Stau. Beim Bäcker stehen sie am Wochenende sogar bis raus auf die Straße. Sie hocken auf dem Amt, husten am Telefon, kaufen im Super-markt den letzten Spargel weg. Sie drängeln rum. Am Lift, im Konzert und nach der Landung im Flugzeug. Sie starren vor sich hin im Wartezimmer. Im Büro. Im Park. Auf Partys. Sie lungern oben auf dem Kilimandscharo rum. Und bei Ihnen daheim auf der Couch. Sie stehen im Weg. Sie rufen nicht zurück. Sie vergessen was Wichtiges. Sie wissen immer alles besser. Sie haben keine Zeit. Oder Langeweile. Sie sind doof. Sie sehen besser aus. Sie wollen nur Geld.

Die anderen Menschen!

Nicht nur, dass man allein kaum klarkommt, man muss auch noch überall mit diesen Leute klarkommen, die wie-derum mit sich ja selbst kaum klarkommen.

Nun wollen wir aber die Menschheit mal nicht per se ver-teufeln. Nein. Wollen wir nicht, müssen wir aber. Die Homo sapiens sind nämlich alles andere als perfekt. Jeder macht mal Fehler, wenn's nur das wäre.

Träfe man wie Robinson Crusoe nur einen Menschen, dann würde man sich wahrscheinlich über die Gesellschaft freuen. Aber die Masse macht's. Von den anderen Menschen laufen da draußen aktuell über sieben Milliarden frei rum. Und die gucken wir uns jetzt mal ganz genau an:

Traurige Wahrheit 034

IN IHREM LEBEN TREFFEN SIE ZWÖLF MÖRDER.

Ein Dutzend Menschen, die jemanden umgebracht haben oder umbringen werden, kreuzen früher oder später Ihren Weg. Vielleicht sitzt ja gerade jetzt, in diesem Moment, eine oder einer neben Ihnen? Man weiß es nicht, hier schweigt die Statistik leider.

Quelle: Bundesamt für Statistik

Traurige Wahrheit 035

JEDER DRITTE LEIDET AN DEPRESSION, ANGST, SUCHT ODER PSYCHISCHEN STÖRUNGEN.

Die häufigsten Erkrankungen bei Frauen sind demnach Angststörungen und Depressionen. Bei Männern dominieren die Suchterkrankungen – vor allem Alkoholsucht, gefolgt von Angst- und depressiven Störungen.

Quelle: Robert-Koch-Institut, Bundesgesundheitssurvey 2012

Traurige Wahrheit 036

INSGESAMT 350 MILLIONEN MENSCHEN WELTWEIT LEIDEN AKTUELL UNTER DEPRESSIONEN.

Quelle: WHO 2016

WER UNGLÜCK HAT, HAT ES AUCH VERDIENT – GLAUBEN WIR.

Die große Unberechenbarkeit der Welt und damit das Gefühl der eigenen Ohnmacht ist für die Menschen generell nur sehr, sehr schwer auszuhalten. Wir wünschen uns innigst, dass alles schön kontrollierbar ist und einem höheren Sinn folgt. Deshalb glauben wir – wenn auch meist unbewusst – an eine irgendwie, irgendwo herrschende ausgleichende Gerechtigkeit. Aus diesem Grund schreiben wir Menschen, die das Unglück einfach nur ganz rein zufällig trifft, insgeheim immer eine Mitschuld zu: Wer Opfer wird, ist für uns zumindest teilweise immer mitschuldig. Denn: Es muss doch einen Grund geben!

Quelle: Studie Melvin Lerner, University of Kansas, 1966

WIR SCHÄTZEN MENSCHEN SCHNELL EIN. UND VÖLLIG FALSCH.

Menschen generalisieren immerzu. Offensichtliches Beispiel: Straßenverkehr. Nimmt uns jemand die Vorfahrt, so ist er immer «ein totaler Vollidiot!» und nicht einfach nur ein stinknormaler Typ wie du und ich, der – dummerweise und vielleicht nur genau dieses eine einzige Mal in seinem Leben – in Gedanken kurz mal woanders war.
Diesen Effekt nennt die Verhaltenspsychologie den «fundamentalen Attributionsfehler». Das heißt: Wir schätzen die scheinbaren inneren, tiefen Beweggründe generell viel höher ein als kurzfristige und rein situative Umwelteinflüsse. Wir alle bewerten uns also gern kategorisch falsch.

Quelle: Edward Jones, Victor Harris, «The attribution of attitudes», 1967

Traurige Wahrheit 039

IN DIESEM AUGENBLICK SIND WELTWEIT 45 MILLIONEN MENSCHEN BETRUNKEN.

Das erklärt wahrscheinlich einiges. Macht aber nichts besser.

Quelle: www.arizona.edu/stats

Traurige Wahrheit 040

DAS, WAS WIR ERINNERN, IST NICHT DAS, WAS WIR WIRKLICH ERLEBT HABEN.

Unser Gedächtnis ist keine Super-Festplatte, die wir immer wieder 1:1 abrufen können. Erinnerungen sind nicht in Stein gemeißelt. Ganz im Gegenteil: Sie werden vielmehr im Augenblick des Erinnerns über- und neugeschrieben. Wir frisieren unsere Erlebnisse, dichten etwas hinzu, kürzen etwas weg, verbessern, ändern, formulieren um – und passen sie so unserer aktuellen Denk- und Lebensweise an.

Quelle: Marcia Johnson, Carol Raye, «False memories and confabulation», 1998

Traurige Wahrheit 041

WAS WIR SAGEN, IST NICHT DAS, WAS WIR AUCH TUN WERDEN.

Ausnutzen, lügen, nötigen, Geheimnisse verraten, verschwenden, bestechen – nee, nee, nee, das macht niemand. Und wir schon mal gar nicht.
Und doch tun wir es: Es klafft eine ziemlich unanständige Lücke zwischen dem, wie Menschen ihr Handeln einschätzen, und dem, wie sie dann tatsächlich handeln.
So schätzen sich Menschen eben noch als jederzeit hilfsbereit und großzügig ein, nur um dann wenige Minuten

später völlig mitleidlos an Bedürftigen vorbeizugehen. Selbst wenn man sie darauf hinweist, machen sie es. Wieder und wieder.

Quelle: Studie, Cornell University, 1977

Traurige Wahrheit 042

MIT VORURTEILEN UND STEREOTYPEN WERDEN WIR GEBOREN.
Eine ambivalente Erbschaft aus dem guten alten Leben in der Steppe, die uns heute nur zu oft das Miteinander versaut: Vorurteile.

Für unsere Vorfahren war es wichtig, schnell Entscheidungen fällen zu können. Überlebenswichtig. In den uralten Zeiten reichte es zur Einschätzung der Lage, dass alles nur ganz grob richtig sein musste. Viel wichtiger war, dass es schnell ging. Wer ist hier Freund, wer ist Feind? Was kann ich hier essen, und was darf ich trinken? Wo ist es sicher, und wo hau ich besser ganz schnell wieder die Hacken in den Teer? Zwar alles Pi mal Daumen. Aber lieber einmal falsch entscheiden als für den Rest des Lebens tot.

Diese oftmals vollständig oberflächliche Kategorisierung der Umwelt auf Basis weniger Information ist noch heute Teil unseres Verhaltens – die alten Schubladen sind noch gut geölt, springen schnell auf und sind auch im 21. Jahrhundert gut gefüllt.

Quelle: Gordon W. Allports, «Die Natur des Vorurteils»

WIR LASSEN UNSERE MEINUNG UNGERN VON FAKTEN VERWIRREN.

Von wegen Fake News: Auch Real News ändern oft nichts.
Menschen bleiben gerne stur und völlig unbeeindruckt bei
ihrer Meinung – auch klare Widersprüche werden ganz
einfach als Ausnahmen eingestuft und wegsortiert. «Neulich, da hatte ich in Berlin einen voll netten Taxifahrer!»
«Ja, Ausnahmen bestätigen die Regel!»
Wie gesagt: Unsere Kopf-Schubladen bleiben immer gleich.
Und schön deutlich beschriftet. Gegenteilige Informationen
werden entweder irgendwie hineingezwängt. Oder schlichtweg ganz ignoriert. Ja, schlimmer noch: Selbst klipp und klar
widersprechende Fakten stärken unsere (falschen) Ansichten
eher noch.
Ein Beispiel: Menschen, die völlig unzufrieden mit der wirt-
schaftlichen Entwicklung der USA unter Präsident Obama
waren, wurde eindeutig belegt, dass die Arbeitnehmerzahlen
deutlich gestiegen sind. Dazu zeigte man ihnen eine sehr
einfache Grafik mit einer unmissverständlichen Wachs-
tumslinie nach oben. Auf die Frage, ob es aufwärts- oder
abwärtsging, antworteten viele völlig abwegig: «Es geht
nach unten.»

Quelle: Brendan Nyhan, Jason Reifler, «When Corrections Fail:
The Persistence of Political Misperceptions», 2010

IRGENDWANN SPRICHT JEMAND IHREN NAMEN EIN ALLERLETZTES MAL AUS.

In drei bis vier Generationen ist es wohl spätestens so weit.
Oder wie hieß noch mal Ururgroßoma?

Quelle: blog.synap.ac/10-surprising-facts-about-your-memory/

Traurige Wahrheit 045

**UM SICH ALS ECHTE GRUPPE ZU FÜHLEN, MUSS MAN
NUR ETWAS GLEICHZEITIG MACHEN.**

Sie müssen gar nicht das Gleiche denken wie andere.
Menschen fühlen sich schon als Gemeinschaft, wenn sie
synchron etwas ausführen: marschieren, tanzen, trommeln,
rufen. So macht man aus Individuen im Handumdrehen
eine gleichgeschaltete Masse – wurde auch schon von vielen
Diktatoren erkannt.

Quelle: Scott S. Wiltermuth, «Synchrony and Cooperation», 2009

Traurige Wahrheit 046

ÜBER 100 MILLIARDEN MENSCHEN SIND BEREITS GESTORBEN.

Und mit ihnen ihr Wirken, ihr Lachen und ihre Träume.
Überhaupt sind 99,9 Prozent aller Arten, die jemals auf
diesem Planeten lebten, bereits ausgestorben. Die meisten
davon sind uns nicht mal bekannt. Sie kamen und gingen.
Sang- und klanglos. Viele, viele, viele weitere werden folgen.

Quelle: Wikipedia

Traurige Wahrheit 047

WAS MENSCHEN WIRKLICH BEWEGT – LAUT GOOGLE.

Suchmaschinen sind ein guter Weg, um Antworten zu finden. Sie zeigen allerdings auch etwas anderes: die Fragen.
Die Google-Autovervollständigung verrät völlig nüchtern,
was Menschen aller Altersstufen im Geheimen am meisten
umtreibt. Hier der Stand von heute Morgen:

Google-Autovervollständigung zu «Ich bin 15 und»
Ich bin 15 und **er 20**
Ich bin 15 und **er 19**
Ich bin 15 und **schwanger**
Ich bin 15 und **meine brüste wachsen nicht**

Google-Autovervollständigung zu «Ich bin 20 und»
Ich bin 20 und **er 30**
Ich bin 20 und **sie 15**
Ich bin 20 und **jungfrau**
Ich bin 20 und **will ein baby**

Google-Autovervollständigung zu «Ich bin 25 und»
Ich bin 25 und **meine freundin 13**
Ich bin 25 und **sehe aus wie 16**
Ich bin 25 und **noch jungfrau**
Ich bin 25 und **habe keine ausbildung**

Google-Autovervollständigung zu «Ich bin 30 und»
Ich bin 30 und **single**
Ich bin 30 und **jungfrau**
Ich bin 30 und **sehe aus wie 20**
Ich bin 30 und **weiß nicht was ich will**

Google-Autovervollständigung zu «Ich bin 35 und»
Ich bin 35 und **noch jungfrau**
Ich bin 35 und **single**
Ich bin 35 und **schwanger**
Ich bin 35 und **jungfrau**

Google-Autovervollständigung zu «Ich bin 40 und»
Ich bin 40 und **hatte noch nie einen freund**
Ich bin 40 und **habe keine freunde**
Ich bin 40 und **schwanger**
Ich bin 40 und **noch jungfrau**

Google-Autovervollständigung zu «Ich bin 45 und»
Ich bin 45 und **bekomme meine tage nicht**
Ich bin 45 und **habe keine freunde**
Ich bin 45 und **schwanger**
Ich bin 45 und **möchte schwanger werden**

Google-Autovervollständigung zu «Ich bin 50 und»
Ich bin 50 und **suche einen job**
Ich bin 50 und **jungfrau**
Ich bin 50 und **schwanger**
Ich bin 50 und **einsam**

Google-Autovervollständigung zu «Ich bin 60 und»
Ich bin 60 und **suche einen job**
Ich bin 60 und **jungfrau**
Ich bin 60 und **allein**
Ich bin 60 und **einsam**

Quelle: Google

Traurige Wahrheit 048
80 PROZENT ALLER DEUTSCHEN HABEN SCHON EINMAL DARAN GEDACHT, SICH UMZUBRINGEN.
Pro Jahr versuchen rund 100 000 Deutsche den Freitod.
Die Dunkelziffer liegt Experten zufolge deutlich

höher – nicht jeder Suizid wird angesichts von Verkehrsunfällen und Überdosen auch wirklich als solcher erkannt.

Quelle: Bundesverband Deutscher Psychologen

Traurige Wahrheit 049

JE MEHR MAN WEISS, DESTO EINSAMER WIRD MAN.

Schlau sein ist ziemlich doof: Je mehr Wissen Sie über
ein Thema besitzen, umso schwieriger wird es für Sie, mit
anderen Menschen darüber zu sprechen.
Dieser «Fluch des Wissens» wird gern als Grund dafür
angeführt, warum Lehrtätige in ihrer Laufbahn oft immer
desillusionierter werden. Und warum Nerds früher oder
später das Alleinsein favorisieren. Wir sagen dann einfach
Fachidiot – obwohl wir die Blöden sind.

Quelle: Carl Wieman, Science Education Intiative, British Columbia.

Traurige Wahrheit 050

DAS GANZE DISKUTIEREN – ES BRINGT EINFACH NICHTS.

Wer bereits hier und da mal am gesellschaftlichen Leben
teilgenommen hat, den überrascht die Feststellung, dass
sich die Fronten bei verbalen Auseinandersetzungen ganz
schnell verhärten, wohl nicht wirklich. Menschen, denen
man eine abweichende Meinung präsentiert, neigen nicht
wirklich dazu, sie mit Handkuss anzunehmen. Vielmehr
lehnen sie sie oft kategorisch ab und versteifen sich eher
noch stärker auf ihre Sicht der Dinge.
Dies nennt man den «Backfire Effekt» – er hat schon un-
zählige Familientreffen ruiniert.

Quelle: Brendan Nyhan, Jason Reifler, «The role of information deficits
and identity threat in the prevalence of misperceptions», 2015

Traurige Wahrheit 051

60 PROZENT ALLER MENSCHEN LÜGEN ALLE ZEHN MINUTEN.

Quelle: Feldmann et al., *Journal of Basic and Applied Social Psychology*, 2002.

Traurige Wahrheit 052

FÜR NICHTCHINESEN SEHEN ALLE CHINESEN GLEICH AUS.

Einer der traurigen Klassiker: Mitglieder der eigenen ethnischen Gruppe sind für Menschen deutlich leichter zu unterscheiden. Diese beschämende politische Unkorrektheit wird
von der Forschung schlicht als «Cross-Race-Effekt» bezeichnet. Es überrascht wohl auch wenig, dass dieser Effekt umso
ausgeprägter ist, je weniger Kontakte zu anderen ethnischen
Gruppen bestehen.

Quelle: R. Malpass, J. Kravitz, «Cross-Race-Effects», 1969

Traurige Wahrheit 053

AUF BEFEHL SIND WIR BESTIEN.

In einem der wohl meistzitierten Experimente der Verhaltenspsychologie wurde der direkte Einfluss von Macht
auf Menschen auf schockierende Weise belegt. In Kürze:
Stanley Milgram und sein Team baten Menschen in ein Labor. Dort empfing sie ein «Versuchsleiter». Die einzelnen
Teilnehmer wurden von ihm nun jeweils gebeten, einem
weiteren – nicht sicht-, sondern nur hörbarem – Probanden
im Nebenraum Elektroschocks zu verpassen. Mittels eines
Reglers konnte dazu die Stromstärke von null bis hinauf
zu Stufe 15 (deutlich als «Lebensgefahr!» etikettiert)
geschraubt werden.

Natürlich war dies alles nur Theater: Es gab keine wirklichen Stromstöße, der vermeintliche Versuchsleiter war ein Schauspieler, und das Opfer im Nebenraum schrie lediglich auf Anweisung.

Ganz echt war aber das unmenschliche Verhalten der Teilnehmer: Bis zu 285 Volt leisteten 100 Prozent aller Teilnehmer den Befehlen Folge. Zwei Drittel drehten den Regler auf Kommando sogar auf die vollen, vermeintlich lebensgefährlichen 450 Volt.

Quelle: Stanley Milgram, «Behavioral Study of Obedience», *Journal of Abnormal and Social Psychology*, 1963

Traurige Wahrheit 054

GRUPPENARBEIT MACHT STINKEFAUL.

Man nennt es die «Soziale Faulheit», und es läuft so: Bei der Teamarbeit verlassen wir uns alle auf die Arbeit anderer. Wir fühlen uns nicht länger allein verantwortlich für Ergebnisse und verringern so unsere Leistung. Faustregel: Je mehr Leute, je fauler kann ich sein. Der Volksmund kennt diesen Effekt als T. E. A.M. – Toll, Ein Anderer Macht's!

Quelle: Bibb Latané, Kipling Williams, Stephen Harkins, *Journal of Personality and Social Psychology*, 1979

Traurige Wahrheit 055

ANDERE MENSCHEN INTERESSIEREN UNS KAUM.

Und schon mal überhaupt nicht in dem Ausmaß, in dem wir glauben, dass sie sich für uns interessieren. Wir leben in dem Irrglauben, dass unser Verhalten viel mehr von Menschen registriert wird, als dies wirklich der Fall ist.

Quelle: Thomas Gilovich et al., «Empathy Neglect», 2002

Traurige Wahrheit 056

JE ÄLTER, DESTO INTOLERANTER.

Eine Feststellung, die vermutlich jeder im Familien- und Freundeskreis schon selbst treffen durfte: Den alten Menschen fällt es deutlich schwerer, ihre Ressentiments zu hemmen. Oje, was sagt denn Opa da bloß schon wieder? *facepalm*

Das liegt natürlich keinesfalls daran, dass es damals wirklich andere, gar «bessere Zeiten» waren, und auch nicht daran, dass Opa nicht mehr so sehr am modernen, hippen Leben teilnimmt. Es liegt an seinem Hirn: Im Alter verlieren wir Menschen nach und nach die kognitiven Fähigkeiten, die uns zu mehr Toleranz verhelfen.

Quelle: William von Hippel, Lisa A. Silver, Molly E. Lynch, «Stereotyping against your will», 2000

Traurige Wahrheit 057

DIE GRUPPE DRÜCKT – UND WIR GEBEN NACH.

Auch wenn wir anfangs anderer Meinung sind. Auch wenn wir objektiv völlig recht haben. Hier können wir uns zur Auflockerung ja mal wieder den zentralen Versuch zu dieser Erkenntnis ansehen:

Eine Gruppe von Studenten wurde gebeten, verschiedene Balken auf einer Tafel ihrer Länge nach zu vergleichen. Bis auf einen echten Teilnehmer waren alle anderen eingeweiht und Teil der Manipulation. Die Balkenlängen waren recht einfach zu unterscheiden, und anfangs gaben sich auch alle Studenten sehr treffsicher. Bis plötzlich alle vorher eingeweihten Teilnehmer einen objektiv kürzeren Balken als den längsten wählten.

Nur 25 Prozent der Testpersonen blieben jetzt tapfer und unbeugsam bei ihrer (richtigen!) Meinung. 75 Prozent passten ihre Meinung immer mal wieder der Gruppe an. 40 Prozent knickten völlig ein und beugten sich uneingeschränkt der Gruppe.

Quelle: Solomon Ash et al., «Effects of group pressure upon the modification and distortion of judgement», 1951

Traurige Wahrheit 058
BEREITS DER GEDANKE AN GELD MACHT UNSOZIAL.
Schon der Blick auf einen Geldschein führt dazu, dass unsere Bereitschaft, anderen Menschen zu helfen, rapide abnimmt. Es reicht sogar ein Bild von Geld an der Wand.

Quelle: Kathleen Vohs, «The Psychological Consequences of Money», 2006

Traurige Wahrheit 059
GRUPPEN MACHEN RADIKAL.
Ob man nun rassistische, sexistische oder wie auch immer geartete Grundregungen mit sich herumträgt, sie alle werden in Gruppen noch massiv verstärkt. Der Umgang mit Gleichdenkenden stärkt die Neigungen der Einzelnen: Anfänglich nur gemäßigt intolerante Menschen werden in einer Gruppe schnell zu radikalen, orthodoxen und verbissenen Kämpfern für ihre (falsche) Sache.

Das Internet verstärkt diesen Effekt noch. Musste man früher durchs halbe Land reisen, um Gleichgesinnte zu finden, so trifft man online mit nur wenigen Klicks schnell Menschen mit jeglicher Macke. Isoliert von mäßigenden Einflüssen und anderen ausgleichenden Meinungen wird die Interaktion in homogenen Gruppen zum sozialen Verstärker: Nazis, Wahnsinnige, Perverse, Verschwörungstheoretiker – sie alle können sich hier in gemeinsamen Diskussionen ungestört gegenseitig hochstacheln.

Quelle: Bill Bishop, Robert Cushing, «The Big Sort, Why the Clustering of Like-Minded America is Tearing us apart», 2008

Traurige Wahrheit 060
AUTOFAHRER SCHWENKEN EXTRA AUS, UM TIERE ZU ÜBERFAHREN.

«Ich bremse auch für Tiere», hieß es lange auf Autoaufklebern. «Ich wechsel sogar die Spur, um eins von diesen Viechern zu töten», liest man nie. Und doch: Von 1000 Menschen wechseln 60 Fahrer bewusst die Spur, um ganz gezielt ein Tier auf dem Seitenstreifen zu überfahren.

Die Tiere in diesem Experiment waren natürlich nicht echt, das abwegige Verhalten schon. Der verantwortliche Testleiter ließ für den Versuch Attrappen von Schlangen und Schildkröten auf dem Highway-Rand platzieren. Und wartete ab. Sechs Prozent der Fahrzeugführer entschieden sich dafür, die Fahrbahn zu verlassen und die «Tiere» zu überfahren. 89 Prozent der Fahrzeuge waren übrigens SUVs.

Quelle: Mark Rober et al., NASA, 2012

Traurige Wahrheit 061

ANDERE ZU ÄRGERN MACHT WIRKLICH SPASS.

Menschen mit hohen Testosteronwerten empfinden ein Gefühl echter Befriedigung, wenn es ihnen gelingt, andere ärgern und stressen zu können.

Quelle: Oliver Schultheiss, University of Michigan, *Physiology & Behavior*, 2004

Traurige Wahrheit 062

WENIG SELBSTBEWUSSTE DEMÜTIGEN GERN.

Menschen, deren Selbstbewusstsein in Versuchen vorsätzlich gekränkt wurde – z. B. dadurch, dass man ihnen zu Unrecht niedrige IQ-Werte zuschrieb –, waren danach deutlich eher bereit, nationalistische und religiöse Vorurteile zu vertreten und Andersdenkende zu diskreditieren.

Quelle: Anna LeMind, learning-mind.com

Traurige Wahrheit 063

IN GRUPPEN WERDEN WIR LEBENSMÜDE.

Als Teil einer Gruppe sind Menschen eher bereit, Gefahren zu unterschätzen oder völlig falsch zu deuten und sich in echte Lebensgefahr zu bringen.

Quelle: B. Latane, J. Darley, «Group inhibition of bystander intervention in emergencies», 1968

Traurige Wahrheit 064

BEZAHLTE FREIWILLIGE ARBEITEN WENIGER.

Karitative Tätigkeiten sollten belohnt werden. Aber vielleicht nicht unbedingt mit Geld? Überraschenderweise wurde nämlich herausgefunden, dass Menschen, denen für ihr wohltätiges Engagement Geld angeboten wurde, plötzlich viel weniger Einsatz zeigten als Menschen, die komplett unentgeltlich ihre Zeit opferten.

Quelle: Bruno S. Frey et al., Universität Zürich, 1999

Traurige Wahrheit 065

MENSCHEN SPENDEN, UM SICH SELBER BESSER ZU FÜHLEN.

Die Bereitschaft, anderen durch Geldspenden zu helfen, hat im Wesentlichen den Sinn, dass wir selbst uns dabei gut fühlen.

Quelle: James Zagefka, «The Psychology of Charitable Donations to Disaster Victims and Beyond», 2015

Traurige Wahrheit 066

UNBEKANNTE MENSCHEN SIND IMMER ERST MAL MÄNNLICH.

Wenn uns von einer anonymen Person erzählt wird, gehen wir zunächst davon aus, dass es sich um einen Mann handeln muss.

Quelle: Kerry Johnson, Masumi Iida, Louis Tassinary, «Person (mis) perception: functionally biased sex categorization of bodies», 2012

Traurige Wahrheit 067

JEDE UNIFORM MACHT GEHORSAM.

In Versuchen zeigte sich, dass selbst das Tragen einer simplen orangen Warnweste den Menschen augenblicklich eine viel höhere Autorität verleiht.

Quelle: Leonard Bickman, «The Social Power of a Uniform», *Journal of Applied Social Psychology*, 1974

Traurige Wahrheit 068

WIR WOLLEN GAR NICHT REICH SEIN, WIR WOLLEN NUR MEHR HABEN ALS ANDERE.

Sie glauben, zehn Millionen Euro würden Sie glücklich machen? Nun, sicher nicht, wenn alle in Ihrem Umfeld im gleichen Zug 20 Millionen bekämen. Geld allein macht nicht glücklich. Menschen fühlen sich erst dann reich, wenn sie mehr haben als die Menschen in ihrer Umgebung.

Quelle: Christopher Brown, «Money and Happiness: Rank of Income, Not Income, Affects Life Satisfaction», 2010

Traurige Wahrheit 069

BLOSS KEINE SCHWIERIGEN ENTSCHEIDUNGEN.

Je komplexer eine Entscheidung sich darstellt, desto mehr neigen wir dazu, lieber überhaupt nichts zu ändern. Zu große Auswahl und zu viele Möglichkeiten überfordern uns; wir müssen zu viel berücksichtigen und könnten zu viel falsch machen. Also: Machen wir lieber nix.

Quelle: Sheena Iyengar, «The Art of Choosing», 1995

IRGENDWAS WIRRES ZU GLAUBEN IST BESSER, ALS GAR NICHTS ZU GLAUBEN.

Wenn für die Menschen etwas keinen offensichtlichen Sinn ergibt, dann suchen sie sich einfach einen. Sie suchen nach irgendwelchen Mustern und Verbindungen. Und zwar so lange, bis zumindest irgendein – wenn auch scheinbar völlig abwegiger – Zusammenhang gefunden ist. So viel zu Verschwörungstheorien.

Quelle: Rob Brotherton, «Suspicious Minds. Why we believe conspiracy theories», 2015

WENN ETWAS NUR OFT GENUG WIEDERHOLT WIRD, IST ES IRGENDWIE WAHR.

Niemand glaubt Ihnen? Na, dann sagen Sie es einfach noch mal! Und noch mal. Am besten so zwischen drei- und fünfmal. Dann wird es was.

Erst klingt es völlig irre, aber wenn etwas nur oft genug wiederholt wird, dann kommt es uns glaubwürdiger vor. Eine Person, die etwas öfter sagt, erzielt hier den gleichen Effekt wie viele Personen, die etwas einmal sagen.

Quelle: Maynard Begg, Ann Anas, Suzanna Farinacci, «Dissociation of Processes in Belief: Source Recollection, Statement Familiarity, and the Illusion of Truth», 1992

EINFACHE DINGE MÜSSEN EINFACH WAHR SEIN.

Hier spricht der Fachmann von der «Verarbeitungsflüssig-keit» – und es ist leider wirklich sehr einfach: Je wider-standsloser wir eine Botschaft im Gehirn verarbeiten kön-nen, desto besser gefällt sie uns auch. Darum mögen wir Altbekanntes. Oder reine Schönheit. Oder klare Symmetrie. Oder eben einfache Wahrheiten und Parolen, die kein langes Nachdenken verlangen. Es reicht schon, wenn sie einfach klingen. Am besten, es reimt sich noch.

Quelle: Rolf Reber, Piotr Winkielman, Norbert Schwarz, «Effects of perceptual fluency on affective judgments», 1998

Traurige Wahrheit 073

WIR SIND ALLE ÜBERDURCHSCHNITTLICH GUT! GLAUBEN WIR.

Rein statistisch betrachtet ist eine Hälfte schlechter und die andere besser als der Durchschnitt. Aber was, wenn man die Leute mal fragt? Dann sind sie alle besser als der Durchschnitt. Und alle sind sich sehr sicher mit ihrer Einschätzung.

Quelle: Vera Hoorens, «Self-enhancement and Superiority Biases in Social Comparison», 1993

Traurige Wahrheit 074

WIR SIND ALLE SUPER-TYPEN. NUR DIE WELT IST LEIDER MIES.

Um alles in der Welt verteidigen wir unsere positive Selbst-einschätzung. Wenn etwas mal nicht so für uns läuft, dann liegt es natürlich an allem Möglichem: dem Wetter, der

Uhrzeit, dem rutschigen Rasen, dem Schiri, dem Auto, den Kindern, der Katze, den Nachbarn, dem Lärm, dem Lehrer, dem schlechten Licht, dem doofen Publikum, den Göttern. Ist klar.

Wenn etwas aber mal klappt, dann gibt es nur einen einzigen wirklich plausiblen Grund dafür: Wir selbst! Wir sind die Größten! Könner! Helden! We are the champions!

Quelle: Greenberg et al., «The self-serving attributional bias: Beyond self-presentation», 1982

Traurige Wahrheit 075
WIR LIEBEN ETWAS – NUR WEIL WIR ES WIEDERERKENNEN.
Wiedersehen macht Freude. Und Wiederwiedersehen macht so richtig Freude. Die wiederholte Darbietung eines Reizes sorgt dafür, dass wir etwas als positiv registrieren.
«Ach guck mal an, da isses ja wieder! Dieses Lied! Dieses Gesicht! Dieses Produkt! Wie schön. Wie schön!» Klatsch. Grins. Kauf.
Und das Beste / Schlimmste: Es muss nicht mal gut sein. Auch negative Informationen, Botschaften und Bilder erscheinen uns nach mehrfacher Wiederholung nicht mehr so schlimm. Obwohl sich der Inhalt nicht geändert hat.

Quelle: Robert Zajonc, «Attitudinal Effects of mere Exposure», 1968

Traurige Wahrheit 076
HUND SCHLÄGT WOHLTÄTIGKEIT.
Sie haben Ihre Brieftasche verloren? Natürlich erst mal Mist. Aber vielleicht bringt sie ja einer zurück?
Mal sehen, was muss denn in einem verlorenen Porte-

monnaie wohl drin sein, damit jemand es zurückbringt? Ein Bild von einem süßen Baby, Spendenquittungen, ein nettes Hundebild?

Machen wir es kurz: Ihr Hund soll es bitte schön sein. Dann mag man Sie, und Sie bekommen alles wieder. Sehr unbeliebt machen Sie sich allerdings als ausgewiesener Wohltäter und Spender. Die bekommen ihre Brieftasche sehr selten zurück.

Quelle: Richard Wiseman, «The Luck Factor», University of Hertfordshire

Traurige Wahrheit 077

ANS LÜGEN KANN MAN SICH SEHR GUT GEWÖHNEN.

Lügen ist nicht schön. Außer man macht es wieder und wieder. Dann gewöhnt sich das Gehirn langsam dran. Es kostet Sie dann immer weniger Überwindung, es ist immer weniger anstrengend, es macht Ihnen immer weniger aus. Den anderen natürlich schon.

Quelle: Neil Garrett, Stephanie Lazzaro, Dan Ariely, Tali Sharot, «The brain adapts to dishonesty», 2017

Traurige Wahrheit 078

MENSCHEN VERZICHTEN SOGAR AUF GELD, WENN SIE STATTDESSEN ÜBER SICH REDEN DÜRFEN.

40 Prozent unserer täglichen Gespräche bestehen daraus, wie es uns so geht, wie wir uns so fühlen, was wir so machen und was wir so wollen. Warum? Weil es uns sehr zufrieden macht. Reden über unser Lieblingsthema, uns selbst, ist für unser Gehirn ebenso befriedigend wie essen, wenn wir

hungrig sind. Es ist uns so wichtig, dass Menschen sogar auf Geld verzichten würden, um stattdessen noch etwas über sich zu erzählen.

Quelle: Diana Tamir, Jason Mitchell, «Disclosing information about the self is intrinsically rewarding», 2012

Traurige Wahrheit 079
WER SICH NICHT SCHULDIG FÜHLT, SPENDET WENIGER.

Menschen, die mit sich im Reinen sind, sind anscheinend weniger leicht für andere zu erweichen. So spendeten in Versuchen 40 Prozent der Kirchgänger einem Bettler *vor* ihrer Beichte Almosen – *nach* abgelegter Beichte waren es nur noch 17 Prozent.

Quelle: M. B. Harris et al., «The effects of confession on altruism», 1975

Traurige Wahrheit 080
DER MENSCH FURZT 14-MAL AM TAG.

Das ist 400 000-mal im Leben. Ganz natürlich, aber puuuh.

Quelle: positivemed.com/2014/09/30/10-facts-dont-know-farts/

Traurige Wahrheit 081
VERBOTE ERREICHEN OFT DAS GEGENTEIL.

Es nennt sich «Reaktanz»: Werden Menschen in ihrer Entscheidungsfreiheit eingeschränkt, dann handeln sie oft wild entschlossen entgegengesetzt zu dem, was von ihnen erwartet wird. Kennt man natürlich von kleinen Kindern. Schlummert aber in jedem.

Menschliche Reaktanz ist damit wohl der Grund, warum die Leute oft extra schnell fahren oder warum sie eigentlich gute Ideen und Empfehlungen anderer Menschen bisweilen vehement ablehnen.

Quelle: Jack Brehm, «Theory of Psychological Reactance», 1966

Traurige Wahrheit 082

GELD MACHT EGOISTISCH.

Der Besitz von ausreichend Geld führt zu einem «Sich-genug-Sein» – das Verlangen nach Interaktion mit anderen Menschen nimmt damit signifikant ab. Der gute Onkel Dagobert wirkt wohl nicht umsonst so extrem glaubhaft.

Quelle: Kathleen Vohs, Nicole Mead, Miranda Goode, «The psychological consequences of money», 2006

Traurige Wahrheit 083

NA, DANN LIEBER EINEN HUND?

Nur am Rande und für den Fall, dass Sie jetzt gerade endgültig den Glauben an die Menschheit verloren haben und sich doch lieber ein Hündchen zulegen wollen: Der Grund, warum Hunde so gerne diese lustigen Quietsch-Spielzeuge mögen, ist: weil der Klang sie an die Todesschreie von Beutetieren erinnert. Wau! So viel dazu. Niedlich geht anders.

Quelle: k9ofmine.com/why-do-dogs-like-squeaky-toys/

3. AU BACKE!

DIE GANZE WAHRHEIT ÜBER KÖRPER UND KRANKHEITEN

«Es ist wie es ist.
Und es ist fürchterlich.»

– Hans Henny Jahn

Für seinen Körper kann man erst mal nichts. Der wird ja mitgeliefert. Umtauschen geht nicht. Und bei Ebay darf man ihn derzeit nicht reinstellen. Also schleppen wir ihn wohl oder übel mit uns rum.

Am Anfang des Lebens noch recht selbstverständlich. Mehr noch: Zu Beginn macht der Körper ja sogar richtig Spaß. So wie ein neues Spielzeug. Spannend. Erst mal alles ausprobieren: Aha, man kann mit den Händen wackeln. Und alle lachen. Oder mal rumpinkeln? Ach guck, da wird dann schon weniger gelacht.

Die eigene Fleischhülle lässt sich anfangs prima als Resonanzkörper für gigantische Schreiereien benutzen. Oder ist als praktischer Schlafsack immer zur Hand. Augen zu, schon ist dunkel. Schnarch. Und wenn man aufwacht: Einfach laut schreien. Dann kommt schon einer.

Dann wird der Körper langsam anstrengend: Irgendwann muss man Radfahren lernen. Oder Klavierspielen. Oder ganz schlimm: Stillsitzen. So was nervt. Später in der Schule stellt man dann nach und nach fest, dass andere Menschen andere Körper haben. Größere oder schnellere. Oder obenrum anders. Oder unten mit 'nem Schniepel dran.

Wenn man einmal angefangen hat, darauf zu achten, wird's zwanghaft. Und dann noch diese Diskrepanz zwischen den Instagram-Bildern der anderen und dem, was der eigene

Spiegel so anbietet. Jetzt könnte man den Körper gut zum Heulen benutzen.

Irgendwann zwickt es dann plötzlich hier. Oder ein wenig später sogar dort. Irgendwas hängt auf einmal. Irgendwas schleift, irgendwas knackt, irgendwas macht nicht mehr das, was es soll. Die Zeichen werden deutlich. Wie das Ganze endet, hatten wir ja an anderer Stelle bereits erwähnt. Die Sterbewahrscheinlichkeit für Menschen liegt seit immer schon bei unverzeihlichen 100 Prozent. Niemand kommt hier lebend raus.

Aber ist tot sein wirklich so schlimm? Hmm. Schwer ist ja eigentlich, den Weg zu gehen, wenn man schon vorher weiß, wo er endet. Auch das eine der zentralen Wahrheiten, die man nur zu gern verdrängt. Deshalb wollen wir uns das Ganze hier doch noch mal genauer ansehen.

Traurige Wahrheit 084
SIE WERDEN STERBEN. UND ALLE, DIE SIE LIEBEN, WERDEN AUCH STERBEN.
Die brettharte Wahrheit. Auch wenn irgendwo Wissenschaftler fleißig dran arbeiten, aber es sieht heute (Stand 2018) immer noch danach aus, dass dieses Leben für mich und Sie recht bald vorbei sein wird. Tja, und es liegen auch keinerlei wirklich brauchbare Beweise vor, dass es danach irgendwo für irgendjemanden weitergeht.
Sterben ist notweniger Teil des Lebens. Der Tod schafft Platz für neues Leben, das sich durch eine Art Versuch-und-Irrtum-Verfahren an neue Gegebenheiten anpassen kann. Wir stünden dann alle nur nutzlos im Weg rum. Will man ja auch nicht.

Auch wahr, aber auch kein Trost: Den Generationen nach Ihnen wird es genauso gehen.

Quelle: Wikipedia

Traurige Wahrheit 085

ES KANN SEIN, DASS SIE DIE KLEIDUNG, IN DER SIE STERBEN, GERADE ANHABEN.

Quelle: Bundesamt für Statistik

Traurige Wahrheit 086

ÜBER 900 000 MENSCHEN TÖTEN SICH JEDES JAHR.

Damit liegt die Zahl der Selbsttötungen im gleichen Bereich wie die der Menschen, die jährlich bei Verkehrsunfällen ihr Leben lassen – 1,25 Millionen.

Quelle: WHO, The World Factbook

Traurige Wahrheit 087

IN JEDER SEKUNDE STERBEN ZWEI MENSCHEN.

In der Zeit werden vier geboren. Die sterben aber später auch. Jeden Tag verlassen uns 150 000 Menschen – in etwa die gesamte Bevölkerung einer Stadt wie Oldenburg – 50 000 davon infolge von Erkrankungen des Herz-Kreislauf-Systems.

Quelle: CIA, The World Factbook

Traurige Wahrheit 088

FEUER, WASSER UND STÜRZE SIND TÖDLICHER ALS KRIEG.

Während 2014 in Kriegen und gewalttätigen Konflikten weltweit 500 Menschen getötet wurden, stürzten 1070 zu Tode, 850 verbrannten, und über 1000 ertranken. Pro Tag!

Quelle: CIA, The World Factbook / news.de/panorama/855219366/daran-stirbt-die-menschheit-tag-fuer-tag/1/

Traurige Wahrheit 089

DAS LETZTE, WAS SIE WAHRNEHMEN WERDEN, SIND TÖNE

Vermutlich. Denn nicht die Hoffnung stirbt zuletzt, nein, Ihr Hörsinn macht das Rennen. EEG-Strom-Messungen der Hirnwellen zufolge ist das Hören der Sinn, der uns am allerlängsten bleibt.

Quelle: Ulrich Körtner, «Leib und Leben: Bioethische Erkundungen zur Leiblichkeit des Menschen», 2010

Traurige Wahrheit 090

STERBEN KOSTET MINDESTENS 2500 EURO.

Umsonst ist nicht mal der Tod: Bei einer einfachen Erd-bestattung fallen Gesamtkosten in Höhe von ca. 7500 Euro an. Eine Feuerbestattung verbrennt nur 5500 Euro. Am günstigsten kommen Sie hierzulande mit einer anonymen Bestattung davon: Die beginnt bei 2500 Euro.
Für alle, die es auch am Ende ganz genau wissen wollen – hier die durchschnittlichen Bestattungskosten im Einzelnen:

Urkunden und Gebühren:
Sterbeurkunde: 10 Euro für die Erstausführung, jede weitere
5 Euro, Leichenschau: ab ca. 100 Euro.

Friedhofsverwaltung:
Beisetzungsgebühr: 500 bis 1000 Euro; Trauerhallen-
nutzung: 100 bis 300 Euro; vier Träger: 100 bis 200 Euro;
Einäscherung: 100 bis 400 Euro, Bestattung (Öffnen und
Schließen des Grabes, Beisetzung): ab ca. 1000 Euro.

Bestatter:
Urne: ab 50 Euro, Sarg: ab 300 Euro; Kissen, Decken, Polster:
50 bis 300 Euro; hygienische Versorgung des Verstorbenen:
60 bis 150 Euro; Überführung, innerörtlich: ab 150 Euro;
Formalitäten, Verwaltung: 50 bis 250 Euro.

Grabneuanlage:
Urnenreihengrab: zwischen 50 und 500 Euro; Erdreihengrab: 100 bis 800 Euro; Erdwahlgrab: 200 bis 1500 Euro.

Grabnutzungsgebühr für 15 Jahre:
Erdreihengrab / Urnenreihengrab: zwischen 300 und 1000
Euro; Erdwahlgrab: zwischen 1000 und 3000 Euro; Baum-
grab zwischen 1000 und 2000 Euro; anonyme Urnenbei-
setzung: einmalig 400 Euro.

Grabpflege pro Jahr:
Erdreihengrab / Urnenreihengrab: 50 bis 250 Euro; Erdwahlgrab: 120 bis 350 Euro.

Steinmetz:
Grabstein: ab 300 Euro; Inschrift pro Buchstabe: ab 10 Euro;
Einfassung: ab 300 Euro; Aufstellung: ca. 150 Euro.

Sonstiges:
Kranz oder Blumenschmuck: ab 50 Euro; Trauerbriefe –
30 Stück ohne Porto: ab 100 Euro; zweispaltige Todesan-
zeige: ab ca. 200 Euro; Trauerredner ab 150 Euro; musika-
lische Gestaltung: ab 100 Euro; Kaffeetisch (50 Personen):
ab 500 Euro; Bewirtung Trauergesellschaft (30 Personen):
ca. 1000 Euro.

Sterben ist in Deutschland übrigens Ländersache. Die
Gebühren variieren je nach Bundesland. Informieren Sie
sich da bitte. Vorher.

Quelle: wize.life/themen/kategorie/finanzen/artikel/22420/der-tod-
ist-nicht-umsonst-was-sterben-heute-kostet

Traurige Wahrheit 091
DIE HANDSCHRIFT IHRES HAUSARZTES KANN SIE TÖTEN.
Mehr als 7000 Menschen sterben jedes Jahr an den Folgen
schlecht lesbarer Handschrift von Ärzten. Der Grund: Diese
führt zu falschen Dosierungen von Medikamenten.

Quelle: nationalacademies.org/hmd/Reports/2006/Preventing-
Medication-Errors-Quality-Chasm-Series.aspx

SIE STERBEN ÜBRIGENS JETZT GERADE. UND JETZT AUCH. UND JETZT.

Etwa 50 Milliarden Zellen in Ihrem Körper sterben täglich. Nach sieben Jahren sind fast alle Zellen im Körper erneuert. Sie sind dann genau genommen ein völlig anderer Mensch.

Quelle: Wikipedia

DIE MEISTEN MENSCHEN MÖCHTEN ZU HAUSE STERBEN, JEDOCH …

Tatsächlich sterben 70 Prozent der Deutschen in Krankenhäusern und Pflegeheimen.

Quelle: aerztezeitung.de/politik_gesellschaft/article/819935/umfrage-wenn-schon-sterben-dann-zuhause.html

IHR KÖRPER HAT EINEN WERT VON CIRCA 1500 EURO.

Der reine Materialwert beläuft sich auf 1500 bis 1600 Euro. Am meisten bekämen Sie für den 20-prozentigen Kohlenstoffanteil Ihres Körpers. Aber auch die Alkali-Metalle wie Lithium, Sodium, Potassium, Rubidium und Caesium ließen sich gut zu Geld machen.

Wesentlich mehr kriegen Sie auf dem Organ-Schwarzmarkt – hier können Sie mit ein wenig Verhandlungsgeschick sogar über eine Million Euro heraushandeln. Die Hälfte davon mit Herz, Leber und Nieren.

Quelle: sueddeutsche.de/wirtschaft/interview-mit-regisseur-peter-scharf-was-bin-ich-wert-1.2111601

MAN BEKOMMT VON FAST ALLEM KREBS.

Die Internationale Krebsforschungsagentur der WHO veröffentlicht hierzu eine laufend aktualisierte Liste; die insgesamt 116 Substanzen und Aktivitäten lassen sich grob in
drei Gruppen einteilen: «Situationen, in denen man dem
Karzinogen ausgesetzt ist», «Mixturen» und «Stoffe».
Hier im Einzelnen:

Situationen, in denen man Karzinogenen ausgesetzt ist:

1. **Tabak rauchen:** Kann zumindest 14 Krebsarten begüns-
   tigen.
2. **Solariennutzung:** Die UV-Strahlung kann Hautkrebs
   verursachen sowie frühzeitige Hautalterung.
3. **Aluminiumproduktion:** Arbeiter in der Aluminiumproduktion haben durch Dämpfe ein erhöhtes Risiko für
   Lungen- und Blasenkrebs.
4. **Arsen im Trinkwasser:** Die giftige Chemikalie in Grund-
   und Trinkwasser erhöht das Risiko für Hautkrebs sowie
   Leber-, Lungen-, Nieren- und Blasenkrebs.
5. **Auraminproduktion:** Dieser Farbstoff kann bei jenen,
   die damit arbeiten, das Auftreten von Blasenkrebs
   erhöhen.
6. **Schuhherstellung und -reparatur:** Ein erhöhtes Risiko
   für Nasenkrebs und Leukämie haben jene, die in star-
   kem Ausmaß Lederdämpfen ausgesetzt sind.
7. **Schornstein fegen:** Die Kehrer sind einer Vielzahl ge-
   fährlicher Chemikalien und Substanzen ausgesetzt, darunter karzinogene Metalle wie Arsen, Nickel und Chrom
   sowie giftige Mineralien wie Asbest.

8. **Kohlevergasung:** Die Reaktion von Kohle mit Sauerstoff, Kohlendioxid und Wasserdampf lässt Gase entstehen, die für ein erhöhtes Lungenkrebsrisiko sorgen.

9. **Kohlenteer-Destillation:** Kohlenteer – eine schwarze, zähe Flüssigkeit – wird als Basis für Lacke und Farben, für Straßenpflaster, als Bindemittel für Asphalt und beim Dachdecken verwendet. Die Arbeit in der Herstellung erhöht das Hautkrebsrisiko.

10. **Steinkohlenkoksproduktion:** Hier haben Arbeiter ein erhöhtes Risiko für Lungen- und Leberkrebs.

11. **Möbelbau:** Holzdämpfe erhöhen die Wahrscheinlichkeit für Nasenkrebs.

12. **Abbau von Roteisenerz:** Arbeiter sind dem radioaktiven Kanzerogen Radon ausgesetzt – das erhöht ihr Lungenkrebsrisiko.

13. **Passivrauchen:** Das Risiko eines Nichtrauchers für Lungenkrebs erhöht sich um ein Viertel, wenn er den Rauch anderer einatmet.

14. **Eisen- und Metallgießen:** Arbeiter haben ein erhöhtes Risiko für Lungenkrebs.

15. **Herstellung von Isopropanol, auch 2-Propanol:** Menschen, die mit dieser farblosen Substanz arbeiten, erkranken häufiger an Krebs in den Nasennebenhöhlen sowie Kehlkopfkrebs.

16. **Herstellung von Magenta-Färbemittel:** Der rotviolette Farbstoff enthält Chemikalien, die mit Blasenkrebs in Zusammenhang stehen.

17. **Maler und Anstreicher:** Insbesondere die Arbeit mit Holzlacken und Beizen erhöhen das Risiko für Lungenkrebs.

18. **Pflastern und Dachdecken mit Kohlenteer:** Kann Haut-, Lungen-, Blasen- und Nierenkrebs sowie Krebs im Verdauungstrakt verursachen.

19. **Gummiindustrie:** Wer mit Gummi arbeitet, hat ein erhöhtes Risiko für Blasen- und Lungenkrebs sowie Leukämie. Auch andere Krebsarten sind häufig.

20. **Stark anorganische Säurenebel, die Schwefelsäure enthalten:** Arbeitet man beruflich mit diesen Substanzen, besitzt man ein erhöhtes Risiko für Lungenkrebs.

Mixturen, die als krebserregend eingestuft sind:

21. Natürlich auftretende Mischungen von Aflatoxinen. Diese Gifte werden von bestimmten Pilzarten produziert und sind mit einem erhöhten Leberkrebsrisiko assoziiert.

22. Alkoholische Getränke: Der Konsum kann Brustkrebs, Darmkrebsarten, Kehlkopfkrebs, Speiseröhrenkrebs, Mundhöhlenkrebs und Rachenhöhlenkrebs auslösen.

23. Betelnüsse

24. Betelkautabak ohne Tabak

25. Betelkautabak mit Tabak

26. Kohlenteer-Anstrich

27. Kohlenteer

28. Emissionen von Kohlenteer, die im Inneren von Räumen eingeatmet werden

29. Diesel-Abgase

30. Mineralöle, unbehandelt und mild behandelt

31. Phenacetin, ein Schmerz- und fiebersenkendes Mittel, das bereits in einigen Ländern verboten ist.

32. Pflanzen, die Aristolochiasäuren enthalten. Das sind sekundäre Pflanzenstoffe – sie werden in der tradi-

tionellen chinesischen Medizin seit Jahrhunderten verwendet.

33. Polychlorierte Biphenyle (PCB).
34. Gepökeltes: Salzgepökeltes Fleisch und Fisch oder in Essig Eingelegtes können das Krebsrisiko erhöhen.
35. Schieferöl
36. Ruß
37. Rauchfreie Tabakprodukte wie Kautabak
38. Holzstaub
39. Verarbeitetes Fleisch: Schinken, Speck oder Wurst – Fleisch, das in irgendeiner Art verarbeitet ist, wurde von der WHO als genauso gefährlich eingestuft wie Tabak.

Stoffe, die als krebserregend eingestuft sind:
40. Acetaldehyd
41. 4-Aminobiphenyl
42. Aristolochiasäuren und Pflanzen, die sie enthalten
43. Arsen und seine Komponenten
44. Asbest
45. Azathioprin
46. Benzol
47. Benzidin
48. Benzo(a)pyren
49. Beryllium und seine Komponenten
50. Chlornapazin
51. Bis(chloromethyl)ether
52. (Chlormethyl)methylether
53. 1,3-Butadien
54. Busulphan, Myleran
55. Cadmium und seine Komponenten
56. Chlorambucil

57. Methyl-CCNU (1-(2-Chloroethyl)-3-(4-methylcyclohexyl)-1-nitrosourea; Semustin)
58. Chrom-(VI)-Komponenten
59. Ciclosporin
60. Hormonelle Verhütungsmittel, die sowohl Östrogen als auch Progesteron enthalten
61. Verhütungsmittel, die sequenzielle Formen hormoneller Verhütung beinhalten (eine Periode mit nur Östrogen gefolgt von einer Periode Östrogen und Progesteron)
62. Cyclophosphamid
63. Diethylstilboestrol
64. Farbstoffe, die zu Benzidin metabolisieren
65. Epstein-Barr-Virus
66. Nonsteroidale Östrogene
67. Steroidale Östrogene
68. Postmenopausale Östrogentherapie
69. Ethanol in alkoholischen Getränken
70. Erionit
71. Ethylenoxid
72. Etoposid alleine und in Kombination mit Cisplatin und Bleomycin
73. Formaldehyd
74. Galliumarsenid
75. Infektion mit Helicobacter pylori (Bakterien)
76. Chronische Infektion mit dem Hepatitis-B-Virus
77. Chronische Infektion mit dem Hepatitis-C-Virus
78. Pflanzliche Heilmittel, die Pflanzen der Gattung Aristolochia enthalten
79. Infektion mit HIV
80. Humanes Papillomavirus Typ 16, 18, 31, 33, 35, 39, 45, 51, 52, 56, 58, 59 und 66

81. Humanes T-lymphotropes Virus
82. Melphalan
83. Methoxsalen (8-Methoxypsoralen) plus ultraviolette A-Strahlung
84. 4,4'-methylene-bis(2-chloroaniline) (MOCA)
85. MOPP und andere kombinierte Chemotherapie inklusive Alkylierungsmittel
86. Senfgas
87. 2-Naphthylamin
88. Neutronenstahlung
89. Nickelkomponenten
90. 4-(N-Nitrosomethylamino)-1-(3-pyridyl)-1-butanone (NNK)
91. N-Nitrosonornicotine
92. Infektion mit Opisthorchis viverrini
93. Luftverschmutzung
94. Feinstaub in der Außenluft
95. Phosphorus-32
96. Plutonium-239 und seine Zerfallsprodukte
97. Radonzerfallsprodukte
98. Radionuclide, α-Partikel-emittierend, intern hinterlegt
99. Radionuclide, β-Partikel-emittierend, intern hinterlegt
100. Radium-224 und seine Zerfallsprodukte
101. Radium-226 und seine Zerfallsprodukte
102. Radium-228 und seine Zerfallsprodukte
103. Radon-222 und seine Zerfallsprodukte
104. Infektion mit den Saugwürmern Schistosoma haematobium
105. Kristalline Kieselsäure (als Quarz oder Cristobalit am Arbeitsplatz eingeatmet)
106. Sonnenstrahlung

107. Talkum – das asbestiforme Fasern enthält

108. Tamoxifen

109. 2,3,7,8-tetrachlorodibenzo-para-dioxin

110. Thiotepa (1,1',1"-phosphinothioylidynetrisaziridin)

111. Thorium-232 und seine Zerfallprodukte

112. Treosulfan

113. Ortho-Toluidine

114. Vinylchlorid

115. Ultraviolette Strahlung

116. Röntgenstrahlung und Gamma-Strahlen

Das war allerdings nur die erste Kategorie – in der Gruppe «vermutlich/wahrscheinlich krebserregend» finden sich aktuell 375 weitere Stoffe. Am besten, man hält sich von allem fern.

Quelle: Internationale Krebsforschungsagentur WHO / kurier.at/
wissen/die-vollstaendige-krebs-liste-116-faktoren-die-ihr-risiko-
erhoehen/161.133.851

Traurige Wahrheit 096
WORAN SIE WAHRSCHEINLICH STERBEN WERDEN.
Im Jahr 2015 waren die zehn am häufigsten diagnostizierten Todesursachen in Deutschland:

Chronische ischämische Herzkrankheit
8,2 % aller Todesfälle

Akuter Myokardinfarkt (Herzinfarkt)
5,3 % aller Todesfälle

Herzinsuffizienz (Herzschwäche, Herzmuskelschwäche)
5,1 % aller Todesfälle

*Bösartige Neubildung der Bronchien und der Lunge
(Lungen- und Bronchialkrebs)*
4,9 % aller Todesfälle

Nicht näher bezeichnete Demenz
3,5 % aller Todesfälle

Sonstige chronische obstruktive Lungenkrankheit
3,4 % aller Todesfälle

Hypertensive Herzkrankheit
2,7 % aller Todesfälle

Pneumonie, Erreger nicht näher bezeichnet
2,1 % aller Todesfälle

Vorhofflimmern und Vorhofflattern
2,1 % aller Todesfälle

Bösartige Neubildung der Brustdrüse (Brustdrüsenkrebs)
2,0 % aller Todesfälle

Quelle: destatis.de/DE/ZahlenFakten/GesellschaftStaat/Gesundheit/
Todesursachen/Tabellen/HaeufigsteTodesursachen.html

Traurige Wahrheit 097

2363 BAKTERIENARTEN LEBEN HINTER IHREM LINKEN OHR.

Nur mal als Beispiel. Von wegen ekelig und so. Insgesamt finden sich fast zwei Kilogramm Bakterien auf und in einem durchschnittlichen Menschen. Alles in allem mehr als 10 000 Arten.

Die meisten meinen es gut mit Ihnen. Aber viele davon sorgen auch für Entzündungen und Infektionen.

Man hat sich mal die Mühe gemacht, sie zu zählen: Die größte Vielfalt an Bakterien findet sich demnach im Darm. Aber es fanden sich auch: 7947 Arten auf der Zunge, 4154 im Rachen, knapp 7000 im Speichel und 14 000 in den Zahnfleischtaschen. 3632 wurden in der rechten Ellenbeuge gezählt und eben 2363 hinter dem linken Ohr. Warum man rechts nicht geschaut hat, ist offen. Ekel kann es wohl kaum gewesen sein.

Quelle: welt.de/wissenschaft/article120510534/Unser-Koerper-ist-ein-gigantischer-Bakterienzoo.html

Traurige Wahrheit 098

SIE VERLIEREN ÜBER 35 KILO HAUT IM LEBEN.

Auch eine Art abzunehmen: Jeden Tag schuppen sich 40 000 Hautzellen von ihrem Körper – ungefähr zwischen 0,03 und 0,09 Gramm. Auf ein 80-jähriges Leben gerechnet, kommt damit gut und gerne ein halbes Körpergewicht zusammen.

Quelle: Wikipedia

20 PROZENT ALLER MENSCHEN GLAUBEN, SIE HÄTTEN EINE NAHRUNGSMITTELALLERGIE.

Zwei Prozent haben wirklich eine.

Quelle: sueddeutsche.de/gesundheit/nahrungsmittelallergien-falscher-verdacht-1.1069105

IHRE FÜSSE KÖNNEN EINEN VIERTEL LITER SCHWEISS PRO TAG PRODUZIEREN.

Bei guten / schlechten Bedingungen unter Volllast kommen die 250 000 Schweißdrüsen an Ihren Füßen auf einen Ausfluss von 250 Millilitern.

Quelle: fussschweiss.info

JEDER MENSCH ISST IM JAHR ZWISCHEN 0,5 UND 1 KILOGRAMM INSEKTEN.

Ja, auch die lieben Vegetarier, manchmal aus Versehen im Schlaf, aber meist gemahlen und ganz nebenbei in der Erdbeermarmelade oder Spaghettisoße. 100 Gramm Pizzatomaten enthalten im Schnitt 30 Fliegeneier.

Quelle: fao.org

Traurige Wahrheit 102

IRGENDWANN SCHNARCHEN SIE AUCH.

Die Wahrscheinlichkeit steht gut bzw. schlecht: Mit 60 Jahren schnarchen 60 Prozent der Männer und 40 Prozent der Frauen.

Quelle: The Complete Book of Men's Health: The Definitive, Illustrated Guide to Healthy Living, Exercise, and Sex, 2000

Traurige Wahrheit 103

MEHR ALS 2500 LINKSHÄNDER STERBEN BEI DER BENUTZUNG VON PRODUKTEN FÜR RECHTSHÄNDER.

Wenig überraschend dabei: Am gefährlichsten für Linkshänder ist das Hantieren mit einer (Rechtshänder-)Motorsäge.

Quelle: mirror.co.uk/news/weird-news/scientists-calculate-odd-ways-die-282884

Traurige Wahrheit 104

AB 27 BAUT IHR GEHIRN WIEDER AB.

Denken Sie dran: Mit 22 Jahren erreicht Ihr Gehirn seine maximale kognitive Leistung. Mit 27 geht's dann bergab. Langsam, aber ganz sicher.

Quelle: news.virginia.edu/content/cognitive-decline-begins-late-20s-uva-study-suggests

Traurige Wahrheit 105

UNSERE AUFMERKSAMKEITSSPANNE LÄSST NACH.

Messungen ergaben noch im Jahr 2000 eine durchschnittliche Aufmerksamkeitsspanne von 12 Sekunden – 2015 lag
sie bereits bei nur noch 8,25 Sekunden.

Quelle: statisticbrain.com/attention-span-statistics/

Traurige Wahrheit 106

70 PROZENT IHRER GEDANKEN SIND NEGATIV.

Das Gehirn produziert zwischen 25 000 und 50 000 Gedanken am Tag. Der Großteil davon hat negative Inhalte.

Quelle: psychologytoday.com/articles/200107/depression-doing-the-
thinking/psychologytoday.com/blog/sapient-nature/201310/how-
negative-is-your-mental-chatter

Traurige Wahrheit 107

NUR ZWEI KRANKHEITEN WURDEN BISHER VOLLSTÄNDIG AUSGEROTTET.

Man könnte natürlich auch positiv formulieren: immerhin
zwei. Es handelt sich um die Pocken und die Rinderpest.

Quelle: ourworldindata.org/eradication-of-diseases/

Traurige Wahrheit 108

ÜBER EINE MILLION MENSCHEN STERBEN PRO JAHR BEI TIERANGRIFFEN.

Haie! Schlangen! Denkt man immer. Aber der Zoo des Todes
hat noch viel mehr Gehege. Stand 2015 starb pro Jahr die
folgende Anzahl von Menschen durch die folgenden Tiere:

Haie – ca. 6 Tote pro Jahr
Meist durch Bissattacken in Ufernähe.

Wölfe – ca. 10 Tote pro Jahr
Zu einem Hauptteil in Indien.

Löwen – ca. 22 Tote pro Jahr
Diese Zahlen beziehen sich allein auf das Hauptverbreitungsgebiet in Tansania.

Elefanten – 500 Tote pro Jahr
Durch direkte Angriffe auf Menschen.

Flusspferde – 500 Tote pro Jahr
Durch direkte Angriffe auf Menschen.

Bandwürmer – 700 Tote pro Jahr
Der Bandwurm ist verantwortlich für die oft tödlich verlaufende Infektionskrankheit Zystizerkose.

Krokodile – über 1000 Tote pro Jahr
Damit ist das Krokodil das für den Menschen tödlichste der «großen» Tiere.

Spulwürmer – 4500 Tote pro Jahr
Ein Menschen überfallender Parasit und direkter Auslöser der Wurmkrankheit Ascariasis.

Tzetze-Fliegen – 10 000 Tote pro Jahr
Als Überträger der Schlafkrankheit.

Raubwanzen – 12 000 Tote pro Jahr
Diese «Kusswanzen» – sie stechen gern ins Gesicht – sind
der Hauptüberträger der Chagas-Krankheit.

Süßwasserschnecken – mehr als 20 000 Tote pro Jahr
Man findet sie in warmen Binnengewässern, und sie übertragen die Wurmkrankheit Schistosomiasis – auch als
Bilharziose bezeichnet –, die laut WHO-Schätzungen für
20 000 bis 200 000 Todesfälle pro Jahr verantwortlich ist.

Hunde – mindestens 35 000 Tote pro Jahr
Der beste Freund des Menschen ist auch einer seiner töd-
lichsten Feinde; mit ihren Bissen übertragen sie den Rabies-
virus – bekannter als die Tollwut.

Schlangen – über 100 000 pro Jahr
Mehrere Hundertausende werden pro Jahr durch Schlan-
genbisse vergiftet. Viele sterben, weil ihnen ein ausreichend
schneller Zugang zu Gegengiften fehlt.

Menschen – 437 000 Tote pro Jahr
Ein Großteil der Tötungen durch andere Menschen ge-
schieht unter Alkohol- und/oder Drogeneinflüssen. Weltweit
werden weniger als die Hälfte aller Morde überhaupt aufge-
klärt. Über 80 Prozent aller Mordopfer sind Männer.

Moskitos – 750 000 Tote pro Jahr
Seit Anbeginn der Menschheit deren absoluter Erzfeind. Neben der Übertragung der Malaria sind sie auch verantwortlich für die – in jüngster Zeit gestiegenen – Todesfälle durch
das Dengue-Fieber.

Quelle: gatesnotes.com/Health/Most-Lethal-Animal-Mosquito-Week

ÜBER 100 MILLIARDEN MENSCHEN SIND BEREITS GESTORBEN.

Seit seinem ersten Auftreten vor ungefähr 50 000 Jahren sind geschätzte 110 Milliarden Homo sapiens bereits von uns gegangen. Auf diese gesamte Spanne gerechnet, geht man davon aus, dass Malaria für die Hälfte aller menschlichen Todesfälle verantwortlich ist.

Quelle: The Population Reference Bureau, Washington / factmyth. com/factoids/malaria-killed-half-the-people-who-have-ever-lived/

4. GANZ ÜBEL!
DIE GANZE WAHRHEIT ÜBER DEN JOB

«Wenn arbeiten so toll ist,
warum spielen dann alle Lotto?»

– Toilettenspruch

Arbeit ist das halbe Leben. Allein dieser Spruch reicht vielen
schon, um die Bettdecke gleich wieder über den Kopf zu ziehen und sich erst mal tot zu stellen. Aber dann klingelt schon
der Wecker, und im Kopf ringt das bleierne Gefühl, wieder
einen ganzen sonnigen Tag vom eigentlichen Leben fernge-
halten zu werden.

Es ist ein ganz mieses Tauschgeschäft, meine schöne wert-
volle Zeit gegen euer blödes Geld. Und immer das gleiche
Spiel: Ein «Guten Morgen!» am Empfang, dann Rumtele-
fonieren und Kaffeetrinken. In Meetings, auf Messen, beim
Mittagstisch. Der Spiegel auf dem Firmenklo erzählt die
ganze Wahrheit. So sieht es also aus: das halbe Leben?

Die Ziele des Unternehmens sind den meisten Angestellten rätselhaft bzw. piepegal. Die Probleme der Firma sind
nicht ihre Probleme. Die Jahresbilanz nicht die ihre. Es gibt
ja nicht mal Weihnachtsgeld. Der Blick geht also durch den
Monitor hindurch – auf den Feierabend, auf das lange Wochenende mit dem Brückentag, auf den Urlaub in drei Monaten. Ach, ach, ach, noch vier Stunden. Zum Glück ist zu Hause
noch Wein im Kühlschrank.

Die meisten treibt eigentlich nur eines durch die Arbeitswoche: die Sorge, dass bitte niemand merken möge, dass man
das alles gar nicht wirklich kann. Überforderung, Unterforde-

rung, Unsicherheit, Neid, Langeweile und Stress. Irgendwann dann auch noch: der Rücken.

Und dann sagen einem noch alle, man müsse einen Job haben, der einen wirklich glücklich macht. Haha, sehr witzig, Kollege – wenn es alles nicht so traurig wäre.

Arbeiten wir uns da mal durch:

Traurige Wahrheit 110
UM 6 UHR 30 GEHT ES LOS.
Müde? Egal. Hilft ja nix. Sechs von zehn Arbeitnehmern in Deutschland stehen unter der Arbeitswoche vor 6 Uhr 30 auf. VOR! Ausnahme: Hamburg und Berlin – in diesen Städten steht knapp jeder Zweite zwischen 6 Uhr 30 und 7 Uhr 30 Uhr auf.

Quelle: Umfrage PageGroup

Traurige Wahrheit 111
OHNE KAFFEE? KEINE CHANCE.
Zwei Drittel der deutschen Angestellten trinken ihren ersten Kaffee auf der Arbeit bereits vor 8 Uhr 30.

Quelle: http://www.wiwo.de/erfolg/beruf/pendeln-arbeitszeit-e-mails-das-arbeitsleben-der-deutschen-in-zahlen/12454702.html

Traurige Wahrheit 112
MONTAGS PASSIEREN DIE MEISTEN ARBEITSUNFÄLLE.
Ihr Körper weiß vielleicht, warum er sich gerade montags so schwer zur Arbeit schleppen lässt. 2016 wurden 20 000

Arbeits- und Wegeunfälle für diesen Wochentag gemeldet. Es folgten der Dienstag mit rund 19 300 und der Mittwoch mit rund 19 200 Unfällen.

Quelle: Berufsgenossenschaft für Gesundheitsdienst und Wohlfahrtspflege (BGW)

Traurige Wahrheit 113

VIERMAL TÄGLICH GEHEN WIR WÄHREND DER ARBEIT AUF KLO.

Arbeitsrechtlich ist die Zeit, die für den Toilettengang erforderlich und angemessen ist, übrigens nicht vorgegeben. Es ist «immer von einer Abwägung im Einzelfall» abhängig. Laut Urteil rechtfertigen tägliche Toilettenaufenthalte von über 30 Minuten noch keine Lohnkürzung.

Quelle: AG Köln, Urteil vom 21. Januar 2010, Az. 6 Ca 3846/09

Traurige Wahrheit 114

FRAUEN VERDIENEN WENIGER ALS MÄNNER.

Das Lohngefälle zwischen Frauen und Männern in Deutschland ist eines der größten in Europa. 2016 bekamen weibliche Beschäftigte für ihre Arbeit durchschnittlich 21 Prozent weniger Lohn als ihre männlichen Kollegen; für jeden Euro, den ein Mann verdient, also lediglich 79 Cent.
Man spricht von Gender Pay Gap – aber das macht es auch nicht besser.
Ein Teil der Differenz ist – so wird immer hinzugefügt – mit Auszeiten durch Schwangerschaften und Kindererziehung sowie anschließender Teilzeit zu erklären. Auch die unterschiedliche Berufswahl spiele eine gravierende Rolle: Frauen arbeiten häufiger in Branchen mit geringerer Entlohnung, etwa in der Erziehung sowie im Gesundheits- und Sozial-

wesen. Klammert man dies aus, fehlen aber immer noch fast 7 Prozent. Die Rechnung bleibt auch hier noch offen.

Un-Fun Fact: Es beginnt übrigens alles schon im Kindesalter – Jungen zwischen 9 und 14 Jahren bekommen durchschnittlich 19,08 Euro Taschengeld. Mädchen hingegen 16,13 Euro.

Quelle: Statistisches Bundesamt / Untersuchung Landesbausparkassen

Traurige Wahrheit 115
AUF ARBEIT. AUF DROGEN.
Circa zwei Millionen Deutsche nehmen gelegentlich oder regelmäßig Aufputschmittel zu sich. Hauptsächlich aus Sorge, im Beruf und in der Ausbildung nicht zu bestehen, und um besser zu funktionieren.

Quelle: DAK

Traurige Wahrheit 116
EIN DRITTEL DER ARBEITSZEIT DENKEN SIE AN WAS ANDERES.
Egal, mit was Sie sich befassen, Ihr Gehirn driftet für 30 Prozent der Zeit völlig von diesen Gedanken ab und muss oft aktiv wieder in die Bahn gelenkt werden.

Quelle: Malia Mason, «Wandering Minds: The default network and stimulus-independent thought», 2007

Traurige Wahrheit 117
ÜBERSTUNDEN SIND DIE REGEL.
85 Prozent der Deutschen arbeiten länger, als in ihrem Arbeitsvertrag festgelegt ist. Selbst jeden Tag einige Minuten länger zu arbeiten summiert sich schnell: Im Schnitt

arbeitet jeder Arbeitnehmer etwa 5,8 Stunden zu viel.
Pro Woche.

Quelle: «Arbeitswelten im Wandel», AKAD-Hochschule in Leipzig

Traurige Wahrheit 118
DIE GLÄSERNE DECKE.
Klingt nach Neureichen-Villa, heißt aber im Klartext: Im
Vergleich zu Männern müssen Frauen in der Wissenschaft
im Schnitt zweieinhalbmal so viel leisten, um eine Anstel-
lung oder Fördermittel für ihre Forschung zu ergattern.
Nach oben sind ihnen dann meist glasklare Grenzen gesetzt.

Quelle: Christine Wennerds, Agne Wold, «Nepotism and sexism in peer
review», Göteborg University

Traurige Wahrheit 119
EIN GANZER TAG DIE WOCHE FÜR E-MAILS.
Nicht die Welt retten, aber immer wieder 148 Mails checken.
Die elektronische Kommunikation kostet extrem viel Zeit:
Im Schnitt verbringt ein Angestellter jeden Tag etwa zwei
Stunden mit der Abarbeitung von E-Mails. Das ergibt zu-
sammengerechnet einen ganzen Tag pro Woche. Im Schnitt
bekommen Angestellte 27 E-Mails pro Tag. Bei zwölf Prozent
sind es sogar mehr als 50 E-Mails. Knapp die Hälfte dieser
Mails werden als völlig sinnlos angesehen.

Quelle: Unternehmensberatung Bain 2014 / http://www.wiwo.de/erfolg/
beruf/pendeln-arbeitszeit-e-mails-das-arbeitsleben-der-deutschen-in-
zahlen/12454702.html

Traurige Wahrheit 120

JEDER ZWEITE IST UNZUFRIEDEN MIT SEINEM CHEF.

Damit ist der Chef Unwohlfühlfaktor Nummer eins: 56 Prozent der befragten Mitarbeiter äußerten sich negativ über ihren Vorgesetzten. Die Zufriedenheit des Mitarbeiters hängt doppelt so stark vom Chef ab wie vom eigenen Erfolg oder Misserfolg.

Quelle: Befragung der Ruhr-Universität Bochum 2011

Traurige Wahrheit 121

BLUMENKOHLOHREN!

War das mein Telefon? Vermutlich ja. Elfmal am Tag greift der deutsche Facharbeiter zum Hörer. Jeder Zehnte führt um die 50 Telefonate täglich.

Quelle: http://www.wiwo.de/erfolg/beruf/pendeln-arbeitszeit-e-mails-das-arbeitsleben-der-deutschen-in-zahlen/12454702.html

Traurige Wahrheit 122

SECHS STUNDEN DIE WOCHE SITZEN SIE IN MEETINGS.

Warum? Nun: 39 Prozent aller in Meetings beschlossenen Ziele werden nie umgesetzt.

Quelle: WiWo / CIO

Traurige Wahrheit 123

JE LÄNGER DER VORTRAG, DESTO BEEINDRUCKENDER.

Spricht jemand zu uns, so sind wir weniger mit ihren oder seinen konkreten Argumenten zu beeindrucken als mit der Länge, in der diese vorgetragen werden. Völlig egal, was für

abstrusen Schmonsens uns jemand da gerade auftischt,
ab einer gewissen Länge des Vortrags sind wir geneigt,
es zu glauben.

Quelle: W. Wood, C. Kallgren, «Arguments in a message», 1988

Traurige Wahrheit 124

DER FACHMANN HAT IMMER RECHT.

Wird jemand als echter Experte vorgestellt, steigt die Bereitschaft, seine Argumente zu glauben, signifikant. Dabei ist
es wurscht, was da gerade von der Fachfrau oder dem Fachmann behauptet wird.

Quelle: Carl Hovland, Walter Weiss, «The Influence of Source Credibility
on Communication Effectiveness», 1951

Traurige Wahrheit 125

KLEIDER MACHEN WIRKLICH LEUTE.

Um andere Menschen zu überzeugen, reicht bereits ein
gepflegtes, adäquates äußeres Erscheinungsbild: Allein ein
attraktiver Kleidungsstil verleiht einem Menschen eine
«soziale Glaubwürdigkeit». Was im tollen Anzug verkündet
wird, klingt auch erst mal toll. Umgekehrt wirken auch die
seriösesten Menschen lässig angezogen deutlich unglaub-
würdiger.

Quelle: P. Regan, V. Llamas, «Customer service as a function of
shoppers' attire», 2000

Traurige Wahrheit 126

JEDER ZWEITE DEUTSCHE WILL SCHNELLSTENS DEN JOB WECHSELN.

46 Prozent der Arbeitnehmer in Deutschland würden ihren Job gern in den nächsten zwölf Monaten wechseln. Und warum? Erstens, schlechte Bezahlung. Zweitens, keine Anerkennung. Drittens, mieses Klima.

Quelle: ManpowerGroup Deutschland Studie «Jobzufriedenheit 2017»

Traurige Wahrheit 127

IMMER MEHR MENSCHEN BRAUCHEN EINEN NEBENJOB.

Es reicht! Aber eben doch nicht. In den letzten neun Jahren stieg die Zahl derer, die im Nebenjob einer geringfügigen Beschäftigung nachgehen, um mehr als die Hälfte – von 1,63 auf 2,48 Millionen Menschen.

Quelle: Wertewelten Arbeiten 4.0, Haufe.de

Traurige Wahrheit 128

NUR WEIL SIE VIEL ZU TUN HABEN, SIND SIE NICHT PRODUKTIV.

Reine Geschäftigkeit ist kein Talent oder etwas, das irgendjemand Respekt abverlangt. Vielleicht haben Sie einen vollen Terminkalender und müssen ständig hier und da sein. Das heißt nur, dass Sie entschieden haben, Ihre Zeit so einzuteilen. So setzen Sie Ihre Prioritäten. Das ist alles. Vielleicht erwarten andere Menschen von Ihnen Entscheidungen. Wichtige Entscheidungen möglicherweise. Aber auch alle diese Entscheidungen können und werden nach Ihnen von jemand anderem getroffen werden.

Quelle: businessart.at/studie-aktiv-langsamer-arbeitsstil-am-erfolgreichsten

Traurige Wahrheit 129

WIR SIND ZWEI WOCHEN KRANK. PRO JAHR.

14,8 Tage haben deutsche Beschäftigte durchschnittlich am Arbeitsplatz krankschreibungsbedingt gefehlt. Beschäftigten in der Metallindustrie fehlten im Schnitt fast 24 Tage, Beschäftigte in technisch-naturwissenschaftlichen Berufen dagegen «nur» rund elf Tage.

Quelle: TK-Gesundheitsreport 2017

Traurige Wahrheit 130

JEDER ZWEITE CHECKT SEINE FIRMEN-MAILS. NACH FEIERABEND.

Was haben Feierabend, Weihnachten, Wochenende und Urlaub gemeinsam? Richtig. Wir checken unsere Handys. Fast jeder zweite Erwerbstätige in Deutschland checkt nach Dienstschluss seine beruflichen E-Mails. Etwa jeder Dritte hat in seinem letzten Urlaub mindestens einmal in die Dienst-Mails geschaut. Und dann: 40 Prozent aller Deutschen stört es, wenn ihre Begleitung im Urlaub berufliche E-Mails liest.

Quelle: dpa / YouGov

Traurige Wahrheit 131

IHR CHEF MACHT SIE DEPRESSIV – NICHT DIE ARBEIT.

Ein voller Schreibtisch. Ein ständig klingelndes Telefon. Und immer wieder neue Mails. Die Arbeit kann sehr stressen. Was den meisten dabei aber aufs Gemüt schlägt, sitzt in einem anderen Büro: der Chef. Das Gefühl, am Arbeitsplatz unfair behandelt zu werden, ist der Hauptgrund für berufsbedingte Depressionen.

Quelle: Matias Grynderup, «Work-unit measures of organisational justice and risk of depression--a 2-year cohort study», 2013

Traurige Wahrheit 132

SIE ESSEN 32 KILO SÜSSIGKEITEN PRO JAHR. IM BÜRO.

Quelle: http://www.rp-online.de/leben/beruf/karriere/was-wir-wirklich-waehrend-unserer-arbeitszeit-tun-aid-1.5472109

Traurige Wahrheit 133

SIE SUCHEN 1,5 STUNDEN DIE WOCHE NACH IRGENDWELCHEN DINGEN.

Wo steckt denn der Locher? Die Dokumente, Mails etc.?

Quelle: OrganizedWorld.com

Traurige Wahrheit 134

MONTAG IST INFARKTTAG.

Zum Wochenstart erleiden fast 18 Prozent mehr Menschen einen Herzinfarkt als an jedem anderen Wochentag.

Quelle: t-online.de/gesundheit/krankheiten-symptome/id_68376432/herzinfarkt-montag-ist-infarkttag.html

Traurige Wahrheit 135

SIE BLICKEN 88-MAL AUFS HANDY.

Das sind alle 18 Minuten. Und meistens vergebens.

Quelle: 20min.ch/digital/news/story/-Wir-schauen-taeglich-88-mal-aufs-Handy-21185775

Traurige Wahrheit 136

JEDE ZWEITE FRAU HAT WEGEN DER DOPPELBELASTUNG AUS FAMILIE UND BERUF ZUMINDEST EINMAL IHREN KARRIERE-WUNSCH AUFGEGEBEN.

90 Prozent der Frauen sehen sich durch die Doppelbelastung benachteiligt.

Quelle: Umfrage Emnid.

Traurige Wahrheit 137

FRAUEN STELLEN UNGERN HÜBSCHE FRAUEN EIN.

Aber hübsche Männer. Männer stellen hübsche Frauen ein. Aber hässliche Chefs keine hübschen Männer. Alles klar?

Quelle: Bradley Ruffle, «Are Good-Looking People More Employable?», 2010

Traurige Wahrheit 138

PORNOS STATT POWERPOINT.

70 Prozent des gemessenen Traffic auf nennen wir sie mal Erotik-Seiten entsteht während der Arbeitswoche zwischen 9 Uhr morgens und 5 Uhr nachmittags.

Quelle: https://www.netzsieger.de/ratgeber/internet-pornografie-statistiken

Traurige Wahrheit 139

NUR KRANKSEIN IST SCHLIMMER ALS ARBEIT.

Am unglücklichsten sind Menschen, wenn Sie krank im Bett liegen. Aber direkt auf Platz zwei der großen Unglücke kommt: bei der Arbeit sein.

Quelle: Alex Bryson, George, «Are you happy when you work?», London School of Economics and Political Science

Traurige Wahrheit 140

ARBEIT IST TÖDLICHER ALS ALKOHOL, DROGEN UND KRIEG.

Jedes Jahr sterben zwei Millionen Menschen an Krankheiten und Unfällen, die im Zusammenhang mit ihrer Arbeit stehen. Kriege töteten im Vergleichsjahr fast 650 000 Menschen. Neben Pendlerunfällen sind Stürze und herabfallende Gegenstände die Hauptursachen für Todesfälle am Arbeitsplatz.

Quelle: US Office for Work Statistics

Traurige Wahrheit 141

URLAUB BRINGT AUCH NICHT WIRKLICH VIEL.

Vielleicht denken Sie jetzt: Stimmt schon, aber ich hab ja bald Urlaub. Dann ist mal Ruhe.
Tja also, freuen Sie sich, die Erholung danach hält maximal acht Wochen. Zwar sind Personen, die einen Urlaub gebucht hatten, schon Monate vorher wesentlich glücklicher als solche, die daheim bleiben. Der Erholungseffekt ist allerdings meist schon kurz nach der Rückkehr wieder weg. Nur wer eine besonders entspannende Reise hinter sich hat, kann sich das Glücksgefühl zu Hause noch erhalten.

Quelle: Jeroen Nawijn, «Vacationers Happier, but Most not Happier After a Holiday», 2010

Traurige Wahrheit 142

URLAUB MACHT KRANK.

Zu viel Kultur kann nämlich schädlich sein. 1979 fielen der italienischen Ärztin Graziella Magherini als Leiterin der psychologischen Abteilung eines Krankenhauses in Florenz die Krankheitsfälle ausländischer Touristen auf. Sie führte das auf die Fülle von Kunstwerken und die damit verbundenen Eindrücke zurück. Dieses Phänomen taufte sie «Stendhal-Syndrom» – in Anlehnung an die Reiseberichte des französischen Schriftstellers.

Quelle: Graziella Magherini: *La Sindrome di Stendhal.*
Ponte Alle Grazie, Florenz 1989

Traurige Wahrheit 143

FENSTERPUTZER IST DER TÖDLICHSTE BERUF.

Wer sich in Gefahr begibt, kommt darin um. Deshalb: Auf Platz eins der gefährlichsten Berufe landet: der Fensterputzer – noch vor Soldaten, Feuerwehrleuten und Hochseefischern. Wenn Sie jetzt aber glauben, hinterm Schreibtisch wären Sie sicher? Moment! Nach Schätzungen gibt es allein in Deutschland 300 Tote pro Jahr durch das Verschlucken von Kugelschreiberteilen. Gut haben es Pfarrer. Die befinden sich nämlich ganz unten – auf der Liste der gefährlichsten Berufe. Es sei denn, sie schreiben gerade die Predigt.
Mit dem Kuli.

Quelle: Churchill Insurance / Thorsten Wiese, «Warum Kugelschreiber tödlicher sind als Blitze»

Traurige Wahrheit 144

WER GUT IST, MUSS MEHR ARBEITEN.

Sie arbeiten schnell und gut Ihre Sachen ab? Und jetzt
erwarten Sie Lob, Respekt, Geld?
Zu Recht. Aber was legt man Ihnen stattdessen auf den
Tisch? Oje.
Tatsächlich bekommen Angestellte, die zügig arbeiten,
selten Anerkennung von Chefs und Mitarbeitern, sondern
einfach nur mehr Arbeit. Sie haben ja gerade nichts zu tun.

Quelle: Christy Koval et al., «The burden of responsibility:
Interpersonal costs of high self-control», 2015

Traurige Wahrheit 145

**MÜTTER, DIE VOLLZEIT ARBEITEN, SIND GLÜCKLICHER
ALS TEILZEITMÜTTER.**

Quelle: Deutsches Institut für Wirtschaftsforschung

Traurige Wahrheit 146

ES PASSIEREN IHNEN IMMER FEHLER.

Weil Menschen Fehler machen. Oder Unvorhergesehenes
passiert. Oder beides. Fehlversuche, Irrtümer, Enttäuschun-
gen, Sackgassen und Totalverluste sind Teil des Spiels.

Quelle: George Kanawaty, «Introduction to Work Study», 1992

ÜBUNG MACHT SIE VERMUTLICH NICHT ZUM MEISTER.

Das ist nämlich nur ein blödes Sprichwort. In einer großangelegten Studie wurde 2013 ermittelt, dass Menschen selbst nach Tausenden Schach- oder Musik-Übungsstunden zwar ein solides Geschicklichkeits- und Spiel-Niveau erreichen können, aber es nicht notwendigerweise zur absoluten Meisterklasse bringen werden. Die Wahrheit ist: Manche Menschen werden mit Talent für etwas geboren, manche nicht. Außerdem spielt für den Erfolg der Zufall eine große Rolle.

Quelle: David Hambrick et al., «Deliberate practice: Is that all it takes to become an expert?», 2014

NACHHER IST MAN IMMER SCHLAUER.

Nur nachher kann man nichts mehr ändern. Beim nächsten Mal ist es dann wieder vorher. Nachher werden Sie schlauer sein.

Quelle: sdailymail.co.uk/sciencetech/article-3411654/Oops-did-make-mistakes-brain-gives-conflicting-advice-act.html

SIE HALTEN SICH MIT KLEINEN PROBLEMEN SEHR LANGE AUF.

Das liegt daran, dass die großen Probleme zu groß sind. Sie wissen meist nicht, wie Sie sie angehen sollen. Und wenn, werden Sie dabei anfänglich keine Erfolge sehen. Unter Spiele-Entwicklern spricht man hier von Frustrationsschwellen.

Sind diese zu hoch, erscheint vielen Spielern das Spiel zu schwer. Es macht dann kurzfristig schnell keinen Spaß, obwohl es sich langfristig lohnen könnte. Deshalb verwenden Sie Ihre Energie und Zeit lieber auf die kleinen Probleme hier und da. Und von denen gibt es Tausende. Sie werden überall welche finden, die Sie beschäftigt halten.

Quelle: graduateland.com/de/article/problem-solving-skills

Traurige Wahrheit 150
MULTITASKING IST EIN MYTHOS.
Ein Memo schreiben, im Hinterkopf das Meeting planen, und dann will noch der Kollege was. «Schieß los!», sagen Sie, Sie können das: Multitasking eben.
Ja, eben nicht! Niemand kann das. Auch wenn man meint, man könne wie der Computer am Arbeitsplatz 30 Programme gleichzeitig am Laufen haben. So läuft es nicht. Wer liest, kann nicht zuhören. Das Gehirn macht nichts parallel, sondern immer schön der Reihe nach. Oder es zappt ganz schnell hin und her. Mit dem «Erfolg», dass alles nix wird.

Quelle: Eyal Ophir, Cliford Nass, «Cognitive control in media multitaskers», 2009

Traurige Wahrheit 151
WIR SIND ZU DUMM, UM ES SELBST ZU MERKEN.
Sie und ich natürlich ausgeschlossen. Willkommen beim Dunning-Kruger-Effekt – ein Klassiker, der in jedes Büro gehört. Er besagt Folgendes:

1. Inkompetente Menschen treffen falsche Entscheidungen.
2. Inkompetente Menschen begreifen nicht, dass sie falsche Entscheidungen treffen.

Und schlimmer noch: Sie können auch die Inkompetenz anderer nicht einschätzen. Dumme erkennen die Dummheit nicht. Jedem Narren gefällt seine Kappe. Ein Irrer an der Macht ist also früher oder später nur noch von Irren umgeben. Und findet nichts dabei. In diesem Zusammenhang doppelt traurig: Auf der anderen Seite schätzen wirklich befähigte Menschen ihre eigene Kompetenz oftmals als eher zu niedrig ein. Der alte Kinderstreitschlichterspruch «Der Klügere gibt nach» sollte vielleicht mal zeitnah ein wenig überarbeitet werden. Sonst arbeiten wir vielleicht alle bald da, wo alle Klügeren nachgegeben haben.

Quelle: Justin Kruger, David Dunning: «Unskilled and unaware of it. How difficulties in recognizing one's own incompetence lead to inflated self-assessments», 1999

Traurige Wahrheit 152
DENKEN UND MACHEN SIND ZWEI GANZ VERSCHIEDENE DINGE.
Nichts ist jemals passiert, weil irgendjemand nur drüber nachgedacht hat. Jeder hat tolle Ideen. Jeder weiß etwas, das man unbedingt mal machen müsste. Die Friedhöfe sind voll von Menschen mit guten Ideen.

Quelle: manager-magazin.de/magazin/artikel/a-187962.html

JEDER WIRD BEFÖRDERT, BIS ER DIE STUFE SEINER UNFÄHIGKEIT ERREICHT HAT.

Das ist das berühmte Peter-Prinzip (nach Laurence J. Peter, der es 1969 erdacht hat).

Es besagt im Kern, dass Menschen so lange die Karriereleiter nach oben steigen, bis es für sie nicht mehr weitergeht – sie sich also dort befinden, wo ihre Kompetenz im Zweifelsfall gerade so eben mal ausreicht. Dort kommen sie dann alle ins Schwimmen.

Diese Erkenntnis ist weniger experimentalwissenschaftlich als anekdotenhaft belegt – schon ihr Entdecker begnügte sich damit, einzelne Beispiele zu sammeln. Trotzdem klingt es doch recht plausibel, wenn man sich auf der Arbeit mal umschaut. Oder stehen Sie selbst schon auf der Peter-Stufe? Hmm?

Peter selbst hat uns noch weitere tragisch-komische Beobachtungen geliefert, die sich auch heute noch in vielen Feldstudien beobachten lassen. Anhand ihrer könne man erkennen, ob ein Vorgesetzter oder Mitarbeiter seine finale Inkompetenzstufe erreicht habe. Hier eine Auswahl:

1. Die zwanghafte Neigung, mehrere Telefone besitzen zu müssen und auch gleichzeitig zu bedienen. Ein Zeichen dafür, dass die eigene Kontaktschwäche mit Quantität überdeckt werden soll.

2. Duldet kein Papier auf seinem Schreibtisch. Er erweckt damit den Eindruck, dass er alles sofort erledigt. In Wahrheit hasst er Papier, da es an verhasste Arbeit erinnert.

3. Das Gegenteil: Berge von Papier häufen sich auf dem Schreibtisch. Der Eindruck, hier säße ein Held der Arbeit, der mehr wegschaffen muss, als andere je bewältigen könnten.

4. Akten werden sortiert – nicht erledigt. Hin und her. Vor und zurück. Aber nichts bewegt sich.

5. Innerer Zwang, stets einen größeren Schreibtisch als die anderen haben zu müssen.

6. Das krankhafte Bestreben, selbst noch so kleine Geschäftsvorfälle in Richtlinien, Weisungen, Organisations- und Ablaufdiagramme zwängen zu müssen.

7. Totale Unfähigkeit, irgendwelche Entscheidungen zu treffen. Gewöhnlich lässt eine solche Person alle Probleme ruhen, bis es zu spät ist, sie sich von selbst erledigen oder ein anderer die Entscheidung trifft.

8. Die Structurophilie (Bauwut): die zwanghafte Beschäftigung mit der Planung, dem Bau, der Pflege und dem Umbau von Gebäuden ohne das geringste Interesse daran, welche Arbeit in den Gebäuden erledigt wird oder erledigt werden sollte.

Wie gesagt, bis das Peter-Prinzip auf ein solides wissenschaftliches Fundament gehoben wird, begnügen wir uns mit den Beobachtungen. Genug Anschauungsmaterial lässt sich wohl finden.

Quelle: Laurence J. Peter, Raymond Hull, *Das Peter-Prinzip oder die Hierarchie der Unfähigen*, 1972.

Traurige Wahrheit 154

CALLCENTER-ARBEIT MACHT AM DEPRESSIVSTEN.

Irgendwas mit Natur und mit Tieren – das wäre eine schlaue Berufswahl. Während Beschäftigte in diesen Bereichen eher selten betroffen sind, stellen vor allem Jobs mit einem sehr hohen Stresslevel und psychischen Belastungen ein Risiko dar. Diese zehn Berufe sind laut einer Krankenkassen-Studie jene, die am allerhäufigsten Depressionen auslösen:

- Arbeit im Callcenter
- Altenpflege
- Kinderbetreuung
- Krankenpflege
- Öffentliche Verwaltung
- Sicherheitsdienst
- Medizinisch-Technische Laborberufe
- Unternehmensberatung
- Berufe in der technischen Produktionsplanung

Quelle: TK-«Depressionsatlas», Techniker Krankenkasse, 2015

Traurige Wahrheit 155

WUTAUSBRÜCHE WIRKEN IMAGEFÖRDERND.

Angeblich tut es ja gut, mal so richtig Dampf abzulassen. Aber dass das auch noch die Karriere befördern soll? Scheinbar ja: Zeigten männliche Bewerber in ihren Vorstellungsvideos Anzeichen von Wut, wurden sie als kompetent und führungsstark bewertet. Für Frauen gilt das Gegenteil: Ihre Wut machte sie «zu emotional» und für «eine Führungsposition eher ungeeignet».

Quelle: http://www.hec.edu/Knowledge/Strategy-Management/ Leadership-Management/Anger-in-the-Workplace-Men-vs.- Women-Unequal-rage

DIE NETTEN MACHEN KEINE KARRIERE.

Bescheidenheit ist eine Zier, doch weiter kommt man ohne ihr! Der alte Wilhelm Busch hat es schon alles gewusst: Zurückhaltung schadet der Karriere.

Quelle: Corinne Moss-Racusin, «When men break the gender rules: Status incongruity and backlash against modest men», 2010

DAHEIM HABEN WIR MEHR STRESS ALS IM BÜRO.

Feierabend! Schicht im Schacht! Endlich Ruhe! Ja, Pustekuchen. Probleme zu Hause schlagen uns schwerer auf den Magen als der Stress im Job. Der Partner, die Kinder, die Freunde, die Hobbys, der Sport, das Abendessen – alles purer Stress. Gerade am Wochenende produziert unser Körper mehr Cortisol (*das* Stresshormon) als während der Arbeitswoche.

Quelle: Nicole DePasquale, «The Family Time Squeeze: Perceived Family Time Adequacy Buffers Work Strain», 2017

FRAUEN SIND GLÜCKLICHER IM BÜRO ALS ZU HAUSE.

Gerade Frauen fühlen sich glücklicher am Arbeitsplatz. Dies liegt nach obiger Studie daran, dass Frauen auf zwischenmenschliche Konflikte daheim emotionaler reagieren als Männer. Außerdem haben Frauen eben noch mehr Rollenbilder zu erfüllen: Man möchte Mutter sein, man will und muss Ehefrau und Geliebte sein, man möchte Karriere machen. Die richtige Kombination zu finden ist schwierig, wenn nicht sogar unmöglich. All das macht Druck – besonders daheim.

Quelle: Nicole DePasquale, «The Family Time Squeeze: Perceived Family Time Adequacy Buffers Work Strain», 2017

Traurige Wahrheit 159
WARUM MENSCHEN NICHT EINFACH KÜNDIGEN.
Würden sie ja gern. Der Wille ist da, aber das Sitzfleisch ist schwach. Hier zehn Top-Ausreden, warum Menschen einfach nicht kündigen, obwohl ihr Job sie wirklich tief unglücklich macht:

1. *«Vielleicht wird es besser.»*
Vielleicht wird der Vorgesetzte versetzt. Vielleicht kündigt der doofe Kollege. Vielleicht kommen neue Kunden. Vielleicht entdeckt jemand endlich meine Fähigkeiten. Vielleicht.

2. *«Mein Boss ist ein Mistkerl. Aber wenn ich kündige, gewinnt er!»*
Das gönn ich ihm nicht, dem alten arroganten Sack. Ich bin auf der guten Seite. Er darf damit nicht durchkommen.

3. *«Ich bin keine, die aufgibt.»*
Ich zieh das durch. Ich bin erst frisch dabei. Ich hab noch Kraft. Da geht noch was.

4. «Ich finde keinen anderen Job.»
Ich bin nicht gut genug. Mich will kein anderer. Ich kann
es auch gar nicht richtig. Und die neuen Leute werden es
merken.

*5. «Ich verliere mein Einkommen, meinen Status, meinen
Firmenwagen, das Ansehen meiner Freunde. Oje.»*
Ich brauch das alles. Es ist Teil meines Lebens geworden.
Die Trennung würde weh tun.

6. «Es ist woanders genauso schlecht.»
Es ist überall das Gleiche. Ich war zwar noch nicht überall,
aber ich weiß es einfach. Arbeit ist immer mies.

7. «Ich habe jetzt schon so viel investiert.»
Es hat zwar nichts gebracht. Aber all die Zeit, all der Stress
war dann umsonst. Das macht es noch schlimmer.

8. «Ich bin jetzt schon so lange hier.»
Ich hab mich an alles gewöhnt. Den Arbeitsweg. Die Mit-
tagspausen. Die netten Kollegen.

9. «Man bezahlt mich gut.»
Woanders muss ich das alles wieder beweisen. Ich weiß auch
gar nicht, ob ich so viel Geld überhaupt verdiene – für das,
was ich tue.

10. «Wie sähe so was denn bloß in meinem Lebenslauf aus?»
Dann lieber weiterleiden.

Quelle: Huffington Post, 2014

DIE GANZE TRAURIGE WAHRHEIT ÜBER DAS PENDELN

Gut, Arbeit ist also nicht so dolle. Aber vielleicht kaufen Sie ein schönes Haus von dem Geld? Etwas weiter draußen. Mit Garten und so. Dann sind wenigstens die Feierabende und Wochenenden schön. Abwarten! Hier ein kleiner Exkurs:

Traurige Wahrheit 160
PENDELN MACHT UNGLÜCKLICH ...
Wirtschafts-Nobelpreisträger Daniel Kahneman rekonstruierte hierzu die alltäglichen Emotionen von knapp 1000 Personen. Und voilà – auf Platz eins der gesammelten Unglücklichkeiten: das Pendeln.
Schlecht für die Hälfte der deutschen Erwerbstätigen. Sie fahren im Schnitt jeden Tag eine halbe Stunde zur Arbeit. Und eine halbe Stunde zurück. Oder in Kilometern: 46 pro Tag.

Quelle: Princeton University / Statista

Traurige Wahrheit 161
... INSBESONDERE FRAUEN!
Frauen, die zur Arbeit pendelten, sind wesentlich unglücklicher als männliche Pendler. Das hat jedoch nichts mit der Tätigkeit oder den Arbeitszeiten zu tun. Frauen bereitet es mehr Probleme und Sorgen, Familie und Beruf unter einen Hut zu bekommen, besonders wenn sie dazu auch noch zum Job pendeln müssen.

Quelle: Jennifer Roberts, «‹It's driving her mad.› Gender differences in the effects of commuting on psychological health», 2011

Traurige Wahrheit 162

PENDELN MACHT KRANK.

Je länger der Weg zur Arbeit, desto schlimmer wird's: Jeder dritte Pendler, der täglich über 90 Minuten unterwegs ist, leidet unter Rückenproblemen. Und hat außerdem wesentlich häufiger hohe Cholesterinwerte oder Übergewicht.

Quelle: Gary Evans, «The morning rush hour: Predictability and commuter stress», 2002

Traurige Wahrheit 163

PENDELN IST STRESSIGER ALS KAMPFJETFLIEGEN.

In belastenden Situationen steigen der Blutdruck und die Herzfrequenz von Pendlern stärker als die entsprechenden Werte von Kampfpiloten im Einsatz. Sie vergaßen häufig sogar Teile ihres Weges zur Arbeit – die sogenannte «Pendler-Amnesie».

Quelle: https://www.theguardian.com/uk/2004/nov/30/research.transport

Traurige Wahrheit 164

PENDELN ZAHLT SICH NICHT AUS.

Rechnet man die Zufriedenheit des Verdienstes mal gegen die Unzufriedenheit des Pendelns, dann sieht es so aus: Wer für den Weg zur Arbeit eine Stunde benötigt, müsste theoretisch 40 Prozent mehr verdienen, um genauso glücklich zu sein wie jemand, der seinen Job direkt um die Ecke hat.

Quelle: Bruno Frey, «Stress That Doesn't Pay: The Commuting Paradox», 2004

PENDLER SCHALTEN DEN VERSTAND AUS.

Auf häufig gefahrenen Wegen schaltet das Gehirn auf Stand-by – im Wesentlichen ist nur noch das Stammhirn aktiv. Das reicht dann zwar, um sicher in der Spur zu bleiben; bei überraschenden Ereignissen, wie etwa einem plötzlich auftretenden Stauende, passieren allerdings viel schneller schwere Fehler.

Quelle: www.spiegel.de/auto/aktuell/verkehrsforschung-pendler-schalten-den-verstand-aus-a-441957.html

5. KRASS!
DIE GANZE WAHRHEIT ÜBER FREUNDSCHAFTEN

«Wir werden immer beste Freunde sein.
Du weißt nämlich zu viel über mich.»

– Grußkartentext, gefunden bei Amazon

Auf die Freundschaft! Denn mit wem kann man sonst so
herrlich einen trinken gehen, nur damit es allein daheim
nicht so nach Alkoholiker aussieht? Wen kann man Freitag
mal zum Essen einladen, um sich ein paar Komplimente für
die neue Einbauküche abzuholen? Mit wem kann man so
richtig schön über die anderen herziehen? Besonders über
die, die gerade zur Tür raus sind? Wer fährt einen morgens
zum Flughafen und verlangt statt 22 Euro 50 – mit Trinkgeld 24 Euro – nur eine müde Umarmung? Über wessen Kin-
dererziehungs- und Kleidungsstil kann man nur mit dem
Kopf schütteln? Wer kommt abends noch mit zum Männer-
kennenlernen? Wessen Eheprobleme sind zum Glück noch
größer als die eigenen? Wer kann mal zwischendurch in der
Wohnung nach dem Rechten sehen? Wer kennt sich mit der
alten Satellitenanlage aus? Wer hat noch einen Dachgepäck-
träger, einen Schlafsack, einen Tapeziertisch im Keller? Wer
fährt am Samstag mit seinem Kombi «nur kurz» mal mit zu
IKEA raus? Wer macht aus einem 2000-Euro-Umzug einen
«kleinen, lockeren Event mit Mettbrötchen und Bier»? Wer
treibt für die alte, kaputte Trachtenjacke bei Ebay den Preis
hoch? Wer kann durch Connections die neue Tiefkühltruhe
viel billiger besorgen? In wessen Firma kann der Schluffi von
Sohnemann irgendeine Ausbildung machen? Wer überweist
die Kaution nach Bolivien? Wer holt sonntags morgens mit
einem den Wagen ab, den man gestern – oder war es heute

Morgen?!? – beim Italiener hat stehen lassen müssen? Wer weiß, warum der Computer «plötzlich spinnt»? Wer kann denn mal schnell mit anpacken? Und wer um alles in der Welt mag regelmäßig die ganzen Postings liken?

Richtig! Was würden wir überhaupt nur ohne sie machen: Die Mädels. Die Jungs. Die Ladies. Die Kumpel. Die Buddies. Die Truppe. Die Crew. Die Possie. Die alten Vögel. Die Torfnasen. Die Kligge.

Freunde sind das Wichtigste im Leben. Das hört man alle naslang. Es sagt sich so leicht. Nun, man will ja nicht immer aus Prinzip dagegenreden. Aber vielleicht holen wir uns auch hier – sicherheitshalber – ein paar Gegenmeinungen ein. Nur um das ganze Ausmaß der Sache abschätzen zu können:

Traurige Wahrheit 166
NUR FÜNF PERSONEN BESTIMMEN, WER SIE SIND.
Sie sind der Durchschnitt der fünf Personen, mit denen Sie die meiste Zeit verbringen – nach der «5-Personen-Regel» (auch bekannt als «Peer-Group-Effekt») sind wir ungefähr so fit oder dick wie diese fünf Menschen. Wir sind ungefähr so gestresst oder entspannt. Wir verdienen ungefähr so viel Geld. Wir sind ungefähr so zufrieden mit uns, unserer Arbeit und unserem Leben. Wir tun ungefähr dasselbe. Wir denken ungefähr das Gleiche.
Nur fünf Leute sind es, die Ihr Leben maßgeblich prägen. Fünf von sieben Milliarden können Sie zu einem hoch demotivierten oder eben pessimistischen, misserfolgsorientierten, begriffsstutzigen, bewegungsfaulen und lebensverneinenden Menschen machen.

Quelle: Everett Waters, «Attachment, positive affect, and competence in the peer group: two studies in construct validation», 1979

FÜR EINE NEUE LIEBE VERLIEREN SIE ZWEI FREUNDE.

Für jede Liebesbeziehung, die Sie eingehen, verlieren Sie im Schnitt zwei Ihrer alten Freunde.

Sei es aus persönlichen Gründen, durch Ablehnung des neuen Partners oder schlicht und einfach durch die neuen Prioritäten.

Quelle: theguardian.com/science/2010/sep/15/price-love-close-friends-relationship

Traurige Wahrheit 168

SCHÖNHEITSSCHLAF IST WICHTIGER ALS FREUNDE.

Feierabendbier mit der Clique? Oder ein Kinoabend? Mal ein Kaffee mit Freunden? Ja, das war einmal. Der Anteil der freien Zeit, die wir für die Aufrechterhaltung von zwischenmenschlichen Beziehungen nutzen, lag im Jahr 2016 bei 16,6 Prozent (im Jahr 2011 waren es noch 23,1 Prozent). Stattdessen bauen wir eine immer engere Beziehung zu Bett und Badezimmer auf.

63,9 Prozent der Teilnehmer einer Umfrage gaben an, dass sie sich gerne Zeit nehmen, um ihre Beautyroutine durchzuziehen. Dieser Anteil ist in den letzten fünf Jahren um 13 Prozent gestiegen. Ebenso wie der Anteil der Freizeitsportler um ganze 16 Prozent gestiegen ist.

Quelle: Stiftung für Zukunftsfragen, Freizeitmonitor 2016

Traurige Wahrheit 169

IHRE FREUNDE SOLLEN NICHT BESSER SEIN ALS SIE.

In der Tat werfen wir eher unseren Freunden Knüppel zwischen die Beine als unseren Feinden oder uns völlig Fremden. Direkte soziale Vergleiche bedrohen ständig unser Selbstwertgefühl. Um besser dazustehen, vereiteln wir die Erfolge unserer engsten Freunde. Der Erfolg oder Misserfolg von völlig Fremden ist uns herzlich egal.

Quelle: Abraham Tesser, «Self-Esteem maintenance in family dynamics Journal of Personality and Social Psychology», 1980

Traurige Wahrheit 170

AUSGRENZUNG ERZEUGT EIN GEFÜHL VON ECHTER KÄLTE.

Gemeint ist hier nicht ein poetischer Winter tief im Herzen, nein: Menschen, die sich ausgeschlossen fühlen, schätzen einen Raum tatsächlich kälter ein als jene, die sich als Teil einer Gruppe sehen. Dieses Frösteln führt bei Tests auch dazu, dass diese Sich-ausgeschlossen-Fühlenden aus einem Speisenangebot eher eine wärmende Suppe als kaltes Obst oder ein kaltes Getränk wählen.

Quelle: psychologicalscience.org/media/releases/2008/zhong.cfm

Traurige Wahrheit 171

SIE BEHANDELN IHRE HÜBSCHEN FREUNDE BESSER ALS DIE HÄSSLICHEN.

Attraktive Menschen werden von uns als geselliger, gesünder, intelligenter und sozial geschickter wahrgenommen. Wir möchten uns gern mit ihnen umgeben. Gleiches gilt für die Menschen in der Umgebung schöner Menschen: Allein die Nähe von attraktiven Menschen lässt uns selbst schlauer, umgänglicher und wohlhabender erscheinen.

Quelle: Kenneth Gergen, «Personality and social behavior», 1981

Traurige Wahrheit 172

WIR SCHMÜCKEN UNS MIT DEM RUHM ANDERER.

Sei es der Freund, der tolle Nachbar, die Urlaubsbekanntschaft oder ein alter Studienkollege – Menschen bauen in ihre Gespräche bevorzugt Beziehungen zu kompetenten, erfolgreichen Menschen ein. Damit möchten wir selbst in einem besseren Licht dastehen.

Quelle: Robert Cialdini, Richard Borden, «Basking in reflected glory: Three field studies», 2016

Traurige Wahrheit 173

EINSAME MENSCHEN STERBEN FRÜHER.

Die körperlichen Auswirkungen der Einsamkeit lassen das Risiko auf einen vorzeitigen Tod um volle 14 Prozent steigen. Das entspricht fast genau dem Risikozuwachs eines durchschnittlichen Rauchers.

Quelle: «Facts About Loneliness», *Psychology Today,*

Traurige Wahrheit 174

GEWINNER SIND IMMER WIR. VERLIERER IMMER DIE ANDEREN.

Wir assoziieren uns lieber mit Gewinnern. Und distanzieren uns genauso schnell von Verlierern. Selbst wenn es sich dabei um sehr enge Freunde handelt, unterschlagen

oder leugnen wir lieber alle Verbindungen zu diesen Ober-
losern.

Quelle: Robert Cialdini, Richard Borden, «Basking in reflected glory:
Three field studies», 2016

Traurige Wahrheit 175

DIE MENSCHEN WERDEN SICH NICHT BEI IHNEN ENTSCHULDIGEN.
Vielleicht weil sie ihren Fehler gar nicht bemerkt haben, vielleicht weil es ihnen überhaupt nicht wichtig war, vielleicht
weil sie erwarten, dass Sie es sind, der sich entschuldigen
muss, oder vielleicht weil es eine absolut banale Kleinigkeit
war.

Quelle: psychologytoday.com/blog/the-squeaky-wheel/201305/5-
reasons-why-some-people-will-never-say-sorry

Traurige Wahrheit 176

SIE KÖNNEN ES NICHT ALLEN RECHT MACHEN.
Irgendeiner ist immer dabei. Irgendjemand wird Sie immer
aus irgendeinem Grund nicht mögen. Eventuell sogar regelrecht hassen. Zu Unrecht oder zu vollem Recht. Und Sie
werden es vermutlich überhaupt nicht verstehen.
Menschen sind verschieden, haben andere Geschichten,
andere Erwartungen, unterschiedliche Wahrnehmungen,
abweichendes Schönheitsempfinden. Sie sprechen unterschiedliche Sprachen und haben ein unterschiedliches Ver-
ständnis von Humor und Moral. Viele dieser Einstellungen
sind einfach unvereinbar.

Quelle: psycnet.apa.org/journals/psp/35/9/656/

SIE MÜSSEN MIT SICH LEBEN.

Von morgens bis abends. Und nachts auch. Der einzige
Mensch, der es immer mit Ihnen aushalten muss, darf,
kann oder soll, sind Sie.

Oberflächlich gesehen eine völlig banale Erkenntnis. Aber
eben der Grund dafür, warum viele in der Hölle leben. Sie
kommen von sich nie weg. Sie hängen da in der Nummer
mit drin. Komme, was wolle. Sie wurden sich selbst bei
der Geburt für eine Weltreise zugeteilt, und diese Reise
dauert Jahrzehnte. Viele Tage davon sind auch noch
verregnet. Am besten, Sie freunden sich so schnell wie
möglich extrem gut mit sich selbst an.

Quelle: psychologytoday.com/blog/compassion-matters/201408/3-
essential-steps-living-your-own-life

FREUNDSCHAFT IST ECHTE ARBEIT.

Manche Freunde brauchen mehr Zuwendung, manche
weniger. Dumm nur: Man weiß oft nicht, wer wer ist und
wer nun was braucht.

Quelle: psychcentral.com/lib/the-importance-of-friendship/

SIE WERDEN SICH AUSGESCHLOSSEN FÜHLEN.

Besonders dann, wenn Ihre kleine Gruppe aus drei guten
Freunden besteht. Umgekehrt schließen Sie genauso oft
Ihre Freunde aus.

Quelle: Sheri Levy, «Intergroup Attitudes and Relations
in Childhood Through Adulthood», 2008

NUR DIE HÄLFTE IHRER FREUNDE BEZEICHNET SICH SELBST ALS IHRE FREUNDE.

Mehr als 50 Prozent der Menschen, die jemand seine «Freunde» nennt, würden diese Person ebenfalls als ihre Freundin oder ihren Freund bezeichnen.

Menschen haben echte Wahrnehmungsschwierigkeiten, die sogenannte «Rückbezüglichkeit von Beziehungen» zu erkennen – also zu wissen, welche Freunde sich ebenfalls als ihre Freunde verstehen. In jedem zweiten Fall liegen wir alle daneben.

Quelle: Adullah Almaatouq, «Are You Your Friends' Friend? Poor Perception of Friendship Ties Limits the Ability to Promote Behavioral Change», 2016

Traurige Wahrheit 181

MANCHE FREUNDE SIND AUCH ALLEIN RECHT ZUFRIEDEN.

Manche Menschen haben aus einem einfachen Grund keine Zeit für Sie: weil sie Sie nicht brauchen.

Quelle: http://elitedaily.com/life/alone-isnt-lonely-10-signs-youre-perfectly-happy-solidarity/954654/

Traurige Wahrheit 182

IHRE GANZEN FACEBOOK-FREUNDE MACHEN SIE TRAURIG.

Genau genommen ist Facebook ein un-soziales Netzwerk: Nur 9 Prozent der Mitglieder nutzen es für die aktive Kommunikation mit ihren Freunden. Die meisten der Nutzer checken völlig passiv ihre Timeline. Wahrscheinlich während nebenbei der Fernseher läuft.

Danach sind sie dann trauriger als zuvor. Im Vergleich zur generellen Internetnutzung fühlen sich Facebook-Leser nach dem Log-out niedergeschlagener, und sie bereuen es oft, ihre Zeit vertrödelt zu haben. Geschönte Selfies, über-fröhliche Familienbilder und vermeintliche Traumurlaubs-schnappschüsse verzerren ihren Blick auf das Leben der anderen. Dieser falsche soziale Abgleich führt dazu, dass wir unser eigenes Leben auf Dauer als minderwertig – weil eben weniger superduper – wahrnehmen.

Quelle: sciencedirect.com/science/article/pii/S074756321500360X

Traurige Wahrheit 183

JE INTELLIGENTER SIE SIND, DESTO UNGLÜCKLICHER MACHEN IHRE FREUNDE SIE.

Gute Freunde machen glücklich? Dann sind Sie nur zu doof: Denn für intelligente Menschen gilt das jedenfalls nicht – die werden unter Freunden einfach unglücklicher. Intelli-gente Menschen verbringen lieber möglichst wenig Zeit in Gesellschaft anderer. Das liegt daran, dass ihre Motivation meist auf ein anderes, längerfristiges Ziel ausgerichtet ist. Soziale Interaktionen behindern sie oft nur auf diesem Weg. Und das macht natürlich unzufrieden.

Quelle: welt.de/gesundheit/psychologie/article153471249/Intelligente-sind-mit-weniger-Freundenbesser-dran.html

Traurige Wahrheit 184

MAN KANN AUCH UNTER VIELEN FREUNDEN EINSAM SEIN.
Einsamkeit hat überhaupt nichts mit der Anzahl der
Freunde zu tun. Sie kennen null, 10 oder 100 Leute? Egal!
Das Gefühl der Einsamkeit basiert allein auf der subjektiven
Wahrnehmung unserer Beziehungen.

Quelle: Wikipedia

Traurige Wahrheit 185

MAN LEBT SICH EINFACH AUSEINANDER
Ihre Freunde bleiben nicht auf ewig Ihre Freunde. Die Wege
trennen sich oft – wegen neuer Umfelder, neuer Jobs, neuer
Wohnorte, neuer Freundin, neuem Freund, Schwangerschaft,
Kindern etc. pp.

Quelle: wissenschaft.de/kultur-gesellschaft/gesellschaft/-/journal_
content/56/12054/999994/Bekanntenkreis-mit-Fließgleichgewicht/

Traurige Wahrheit 186

IM ALTER SPRECHEN SIE NUR NOCH MIT FÜNF MENSCHEN.
Am Ende des Lebens wird alles recht übersichtlich: Ab einem
Alter von 80 Jahren sprechen die meisten Menschen nur
noch mit einer Handvoll Menschen – darunter vor allem
Angehörige.

Quelle: welt.de/wissenschaft/article154191532/Studie-zeigt-
wann-Sie-Ihre-Freunde-verlieren.html

MÄNNER UND FRAUEN KÖNNEN NICHT «EINFACH NUR FREUNDE» SEIN.

So viel dann auch zur platonischen Freundschaft. Aber man ahnte es ja schon: Für heterosexuelle Menschen – genauer: Männer – ist es so gut wie unmöglich, Freundschaften zu bilden, die völlig frei von sexueller Anziehung sind.

Quelle: scientificamerican.com/article/men-and-women-cant-be-just-friends/

Traurige Wahrheit 188

FREUNDSCHAFTEN MACHEN MÄNNER UNGLÜCKLICHER.

Während Frauen sich vielfach über ihre Gruppe definieren und sich oft mit ihren Freundinnen abgleichen, zählt für Männer eher die familiäre Bindung. Sofern vorhanden.

Quelle: Cable et al., «Friends are equally important to men and women, but family matters more for men's well-being», 2012

Traurige Wahrheit 189

DER EINZIGE MENSCH, DER SIE WIRKLICH VERSTEHT: SIE.

Glückwunsch! Sie haben Ihren Seelenverwandten gefunden. Sie sind es selbst: die Person, auf die Sie am allerallermeisten vertrauen können. Nur Sie kennen sich wirklich gut. Für die anderen bleiben Sie irgendwie immer ein Rätsel.

Quelle: hbr.org/2015/04/were-all-terrible-at-understanding-each-other

ALLE SIEBEN JAHRE VERLIEREN SIE DIE HÄLFTE IHRER FREUNDE.

Nach sieben Jahren haben wir 50 Prozent der Menschen, die wir als Freunde bezeichnen, verloren. Viele werden in dieser Zeit durch andere Freunde ersetzt – und auch davon verlieren wir im Schnitt wieder die Hälfte nach sieben Jahren.

Quelle: stern.de/panorama/wissen/mensch/beziehungen-so-lange-halten-freundschaften-3804306.html

Traurige Wahrheit 191

MENSCHEN WÜRDEN FÜR EINE BEFÖRDERUNG FREUNDSCHAFTEN AUFGEBEN.

Und zwar nicht gerade wenige: 68 Prozent der befragten 18- bis 24-Jährigen gaben an, dass sie für die Aussicht auf einen besseren Job eine Freundschaft unter Kollegen opfern würden.

Quelle: time.com/2970468/linkedin-survey-millennials-boomers/

Traurige Wahrheit 192

WIR SIND NEIDISCH UND BERECHNEND.

Völlig normal: Neid ist in einer Freundschaft ein gängiges Gefühl. Im Normalfall schätzen wir unsere Freunde unbewusst so hoch ein, wie sie uns im Gegenzug bewerten. Alles Abweichende erzeugt Missgunst.

Quelle: Robert Kurzban, Peter DeScioli, «Best Friends: Alliances, Friend Ranking, and the MySpace Social Network», 2011

Traurige Wahrheit 193

NUR VIER FACEBOOK-FREUNDE SIND WIRKLICH ECHTE FREUNDE.
Ihr Facebook-Freundeskreis ist, wenn man es mal ganz
genau nimmt, nur eines: ein epischer Fake. Niemand
Ihrer Freunde dort interessiert sich wirklich für Sie. Also,
fast niemand. Denn immerhin: Eine Untersuchung der
Universität Oxford zeigt, dass man 14 Freunde aus seinem
Facebook-Freundeskreis einigermaßen regelmäßig im
echten Leben trifft. Ganze vier davon sind Menschen, auf
die sich die Befragten im Ernstfall auch wirklich verlassen
würden.

Quelle: ox.ac.uk/news/2014-01-07-one-one-out-oxford-study-
shows-people-limit-social-networks

Traurige Wahrheit 194

MANCHE FREUNDE WERDEN ERFOLGREICHER SEIN ALS SIE.
Sei es im Beruf, in der Liebe oder im Leben – durch Geburt,
Talent oder vielleicht einfach nur durch Glück. Wie dem
auch sei, es kann sehr gut sein, dass Sie das auseinander-
bringt.

Quelle: Fenella Fleshmann, «Academic Achievement and
its Impact on Friend Dynamics», 2015

Traurige Wahrheit 195

**SOZIALE NETZWERKE MACHEN IHRE FREUNDSCHAFTEN
KOMPLIZIERTER.**
Man ist über alle Leben im Bilde. Oder glaubt es. Bei Facebook sind uns alle gleich nah. Sie sehen jeden Tag Postings
von Leuten und sind scheinbar mittendrin in deren Leben.

Aber das sind Sie nicht. Es ist sehr schwer, aus dieser gefühlten Distanz auf eine echte emotionale Distanz zu schließen.

Quelle: welt.de/wirtschaft/karriere/leadership/article106568479/Soziale-Netzwerke-schaedigen-soziale-Fähigkeiten.html

Traurige Wahrheit 196

AUCH IHRE LANGJÄHRIGEN FREUNDE KENNEN SIE NICHT WIRKLICH.
Es gibt in Ihrem Umfeld wahrscheinlich Menschen, die Sie seit Jahren, Jahrzehnten kennen und die trotzdem überhaupt nicht, nicht mal ansatzweise, wissen, was Sie wirklich bewegt. Das liegt daran, dass wir Gefühle und Motivationen anderer Menschen nicht allzu gut deuten können. Selbst nach langer Zeit des Miteinanders.

Quelle: hbr.org/2015/04/were-all-terrible-at-understanding-each-other

Traurige Wahrheit 197

JEDE ACHTE TRENNT SICH, WENN DIE FREUNDINNEN DEN PARTNER NICHT MÖGEN.
Knapp 13 Prozent aller Frauen würden ihrer neuen Liebe Bye-bye sagen, wenn den Freundinnen der Mann irgendwie nicht passt. Bei den Männern sind 10 Prozent ihren Kumpels hörig.

Quelle: LoveGeist-Studie 2017 / Kantar TNS

Traurige Wahrheit 198

SIE MÜSSEN SICH MÖGEN, DAMIT ANDERE SIE AUCH MÖGEN.
Menschen schätzen in ihrem Freundeskreis die «Konsistenz» der Menschen, das heißt, sie wollen Klarheit und

Verlässlichkeit. Depressive Menschen vermitteln oft ein unscharfes, wenig berechenbares Bild ihrer Person. Andere wissen dann nicht, woran sie sind. Das erzeugt Unsicherheit. Und Ablehnung.

Quelle: psychologytoday.com/blog/happiness-in-world/201008/when-you-dont-yourself

Traurige Wahrheit 199

ES GIBT GRÜNDE, WARUM MAN KEINE FREUNDE HAT.
Gründe gibt es viele. Die Psychologin Amy Morin hat die häufigsten zehn zusammengestellt. Sie lauten – in Kurz-form:

1. Sie beschweren sich zu viel.
Ihr Job ist Mist? Ihr Geld ist knapp? Ihr Partner ist unerträg-lich? Behalten Sie es besser für sich. Sonst sind als Nächstes auch die Freunde futsch. Menschen mögen keine Menschen mit negativer Ausstrahlung.

2. Sie kümmern sich lieber um Ihre neue Beziehung.
Wenn Sie jedes Mal Ihre Freunde zugunsten einer neuen Bekanntschaft links liegenlassen, wird vermutlich irgend-wann niemand mehr da sein, der händchenhaltend Ihrer Trennungsgeschichte lauscht und Weißwein nachschenkt.

3. Sie sind egoistisch.
Einfacher Merksatz hier: Wenn Sie nur an sich denken, denkt irgendwann niemand mehr an Sie.

4. Sie interessieren sich nicht für Ihre Freunde.

Sie wissen nicht, wie es Ihren Freunden geht, was in ihrem Leben so passiert, dass sie umziehen oder vor einem Jahr Drillinge bekommen haben? Und dann wundern Sie sich noch?

5. Sie machen alles zu dramatisch.

Die Menschen wollen eigentlich ihre Ruhe. Deswegen umgeben sie sich ungern dauernd mit Leuten, die Probleme haben, alles aufbauschen, schlimmreden, übertreiben und in tiefschwarzen Farben ausmalen.

6. Sie rechnen alles gegeneinander auf.

Letztes Mal hab ich das Abendessen bezahlt, jetzt bist du dran. Ich hab neulich erst angerufen, jetzt bist du an der Reihe. Wenn Menschen einen peniblen Buchhalter suchen, werden sie vielleicht auf Sie zurückkommen. Aber als berechnenden Freund? Wohl kaum.

7. Sie sind neidisch.

Jaja, das neue Auto, die tolle, tolle Beförderung, der wuuuuuuunderschöne Urlaub auf Tahiti und die ach so wohl geratenen Kinder. Ist ja richtig. Nur: Vor Neid werden Sie vielleicht nicht grün aber irgendwann sehr einsam.

8. Sie erwarten zu viel.

Ihre Freunde sollen da sein. Sie sollen sich genau so verhalten, wie Sie das erwarten. Kann aber keiner. Will keiner. Macht deshalb auch keiner.

9. *Sie tratschen alles weiter.*

Klar: Jeder hört gern Klatsch. Völlig klar: Aber nicht über sich selbst.

10. *Sie gehen nicht genug raus.*

Nicht aus sich raus, sondern aus dem Haus. Die meisten Menschen laufen nicht in Ihrer Wohnung herum, sondern draußen in der Welt. Man muss sich schon zeigen.

Quelle: amymorinlcsw.com

6. OJE!
DIE GANZE WAHRHEIT ÜBER DIE LIEBE

«What is love? Baby don't hurt me.
Don't hurt me. No more.»

– Lied im Radio

Die Liebe, die Liebe – sie treibt den Bock zur Ziege. Im Groben fängt es so immer an. Und damit auch die ganzen Probleme: die Tränen und das Alle-zehn-Minuten-Handy-checken, das Nicht-schlafen-Können und das Frustfressen.

Im Lexikon klingt alles noch so schön einfach: Das Gefühl «Liebe» sorgt demnach schlicht dafür, dass Menschen so lange zusammenbleiben, um zunächst den Zeugungsakt erfolgreich zu absolvieren und danach ihre Jungen gemeinsam sicher durch die ersten Jahre zu füttern und die kleinen Tüfftüff-Loks schließlich sicher auf das große Schienennetz des Lebens zu setzen. So einfach soll's sein. Jetzt könnten wir alle stumm nicken, den Top-Daumen zeigen und weiter der Arbeit nachgehen.

In Echt sieht das alles aber anders aus. Ganz anders: Da wird nämlich ein riesen Aufriss gemacht. Liebe. Liiiiiiiiiebe. Ach ja und oje! Es wird gelitten ohne Ende. Es wird geschaut und angehimmelt. Es wird gestottert und gestammelt. Es wird so viel gezweifelt, so viel gefragt und so viel geängstigt. Es wird sich überall minderwertig gefühlt, nicht gut genug und ungewollt. Es wird krampfhaft nach Bestätigung gesucht. Und dann wird immer wieder geschaut, ob es nicht noch Besseres gibt.

Die Leute sind wie besessen von der Liebe. Allein, was hier für Zeit und Geld draufgeht. Liebe ist wahrscheinlich ein größerer Wirtschaftsfaktor als die Rüstungs- und Ölindustrie zusammen. Bücher und Songs werden geschrieben. Klamotten, Lippenstift und Cabrios werden gekauft. Und Filme werden gedreht. Massen! Am Ende kriegen sie sich. Und gut sehen sie auch noch aus, wie sie da stehen. Im Sommerregen. Oder am Airport. Oder in so einem tollen Garten auf Long Island. Schon klar. Am Ende kriegt Julia Roberts ein paar Milliönchen aufs Konto geschoben. Weil: Alle immer Liebe, Liebe, Liebe wollen.

Machen Sie doch mal das Radio an. Ja, jetzt. Baby, Baby hier und love, love, love da. Himmel, was wird da geschmachtet, gefiebert und ausgedünstet!

Die Erfahrung lehrt jedoch was anderes: Völlig egal, wie sehr du einen Mann liebst, irgendwo sitzt eine Frau, die gerade darauf trinkt, dass sie ihn los ist. Touché – oder? Das ist das Leben. Liz Taylor hat das gesagt. Oder Zsa Zsa Gabor. Ich google das für Sie. Beide waren immerhin jeweils 20-mal verheiratet. Ungefähr. Google ich auch für Sie. Später. Denn was ich eigentlich sagen will: Die Liebe ist etwas Großartiges. Großartig Schlimmes. Es ist letzten Endes doch so, dass viele Menschen verliebt sind, aber nicht zusammen, und viele Menschen zusammen sind, aber nicht verliebt.

Schon traurig – und die bitteren Wahrheiten kommen ja jetzt erst:

Traurige Wahrheit 200
VERLIEBTHEIT HÄLT MAXIMAL EIN JAHR.
Um das herauszufinden, hat man, streng wissenschaftlich und unromantisch, die Neurotrophine – körpereigene Signalstoffe, die unsere Nervenzellen miteinander verbinden –

bei Frischverliebten gemessen. Wiederholt über die gesamte Länge ihrer Beziehung.

Nach ungefähr einem Jahr konnte kein weiterer Neurotrophine-Zuwachs mehr ermittelt werden. Wo immer die Schmetterlinge dann sind, im Bauch sind sie es nicht mehr. Die Euphorie, die schwitzigen Handflächen, das Herzklopfen, all das verschwindet in einer Beziehung binnen Jahresfrist. Es schließt sich dann ein Zustand an, der in Fachkreisen «verpflichtete Liebe» genannt wird. Man ahnt bereits, was das heißt: Nach zwölf Monaten muss eine Beziehung stark genug sein, um auch ohne Hormonrausch zu überleben.

Quelle: dailymail.co.uk/femail/article-369917/True-love-lasts-year.html

Traurige Wahrheit 201

MÄNNER MÖGEN JUNGE FRAUEN. FRAUEN MÖGEN REICHE MÄNNER.

Schnarch! Das älteste Klischee von allen. Aber huch, es stimmt! Männer suchen nach jungen Frauen, weil diese voraussichtlich sowohl a) die Schwangerschaften überleben als auch b) topfit lang genug für den gesunden Nachwuchs sorgen können.

Frauen hingegen wollen einen Mann mit ausreichend Ressourcen, sprich Geld, für das sichere Überleben ihrer Nachfahren. Diese grundlegenden Präferenzen der Geschlechter halten selbst bis ins höchste Alter an – sie konnten sogar bei Studien in Seniorenheimen nachgewiesen werden.

Quelle: S. Alterovitz, «Partner preferences across the life span», 2009

UM ATTRAKTIVER ZU SEIN, ÄNDERN WIR SCHNELL UNSERE ÜBERZEUGUNGEN.

Jeder Mensch hat seine unerschütterlichen Ansichten. Über Politik zum Beispiel. Oder über Moral. Oder über Religion. Und daran ist nicht zu rütteln.

Es sei denn, ja, es sein denn, wir wollen einen potenziellen Partner beeindrucken. Dann schmeißen wir das alles sofort über den Haufen.

In einer Studie wurde Studentinnen angekündigt, dass sie gleich einen – sehr schönen und sehr männlichen – Studenten kennenlernen werden. Dieser wurde mal als sehr konservativ, mal als sehr liberal beschrieben. Die Studentinnen sollten sich nun diesen Mann möglichst bildhaft vorstellen. Und sich ihm dann schriftlich vorstellen.

Je nach Männerbild beschrieben sich die Studentinnen nun in einer Art vorauseilendem Gehorsam als: entweder sehr häuslich und fügsam oder eben unglaublich selbstständig und unabhängig.

Einem unattraktiven Studenten gegenüber änderten die Frauen ihre Ansichten übrigens nicht.

Quelle: Mark Zanna, Suzann Pack, «On self-fulfilling nature of apparent sex differences in behavior», 1975

LIEBE AUF DEN ERSTEN BLICK IST NUR EINE GEDÄCHTNISSTÖRUNG

Jedes Mal, wenn wir uns erinnern, werden unsere Erinnerungen neu geschrieben. Wir verändern sie aktiv. Dieser Prozess spielt auch bei den ältesten Erinnerungen von Paaren eine zentrale Rolle.

Die aktuelle Verliebtheit wird von Männern und Frauen einfach auf den Beginn der Partnerschaft projiziert. Die Beziehung wird so rückblickend zu der ganz großen Liebe von Anfang an umdeklariert. Auch wenn es damals in Wirklichkeit alles ganz anders war. Da waren wahrscheinlich keine Geiger und Einhörner im Nebel.

Quelle: research.northwestern.edu/news/trick-love-first-sight

Traurige Wahrheit 204
SITCOMS RUINIEREN IHR LIEBESLEBEN.
Beliebte TV-Serien wie *Friends* oder *How I Met Your Mother* präsentieren Paarbeziehungen als ein ständiges Wechselspiel, als ein ewiges Hin und Her – von Folge zu Folge. Die Serie soll ja spannend bleiben. Damit prägen sie aber unbewusst erst die Wahrnehmung und dann das Verhalten der Zuschauer: Fans dieser Serien glauben viel weniger an die «eine große Liebe» und an Seelenverwandtschaften.

Quelle: Psychology of Popular Media Culture

Traurige Wahrheit 205
SPONTAN MÖGEN WIR DIE KÖRPER. LANGFRISTIG DIE GESICHTER.
Schau an: Menschen, die nach kurzen Abenteuern suchen, reagieren primär auf einen attraktiven Körperbau. Menschen mit langfristigen Ambitionen achten stattdessen bevorzugt auf das Gesicht.

Quelle: LiveScience The Rules of Attraction in the Game of Love

ABWEICHENDE IMMUNSYSTEME FINDEN WIR RICHTIG SEXY.

«Hey, tolles Immunsystem, Süßer!» Hört man selten abends
im Club, aber dennoch: Frauen, die an getragenen Männer-
hemden riechen (müssen), bevorzugen ganz klar Hemden,
deren Träger einen Immunsystem-Aufbau besitzt, der sich
deutlich von dem ihren unterscheidet.

Es ist wieder mal die Evolution, die hier den richtigen
Riecher hat: Sie hilft uns so, für eine möglichst große
Immunbandbreite zu sorgen, damit wir nicht alle von
einer einzigen Bakterienart dahingerafft werden. Ja, auch
du nicht, Süßer!

Quelle: University of Switzerland.

Traurige Wahrheit 207

SINGLE-FRAUEN STEHEN EHER AUF VERGEBENE MÄNNER.

In der maßgeblichen Studie hierzu bekamen Single-Frauen
Fotos von einem attraktiven Single-Mann präsentiert. Mit
dem Ergebnis: 59 Prozent von ihnen waren an einer Beziehung interessiert. Wurde der Mann allerdings als «bereits
vergeben» bezeichnet, stieg der Anteil der Interessentinnen
plötzlich auf volle 90 Prozent.

Quelle: Jessica Parker, Melissa Burkley, «Who's chasing whom? The
impact of gender and relationship status on mate poaching», 2009

Traurige Wahrheit 208

LIEBE MACHT UNS BLIND – WEIL DIE NATUR NACHWUCHS WILL.

Ach, lass sie doch reden und ihre Köpfe schütteln, für uns ist unser neuer Partner wundervoll und makellos. Natürlich ist diese Verblendung auch nur ein Trick der Natur, der uns mögliche Schwächen des Partners übersehen lässt. Diese Blindheit sorgt schließlich dafür, dass wir schneller bereit sind, in die Bindungsphase überzugehen und wie wild anfangen, Kinder zu zeugen.

Quelle: Wikipedia

Traurige Wahrheit 209

OHNE HORMONE IST ALLES AUS.

Das Hormon Vasopressin besitzt eine Schlüsselrolle bei der Paarbindung. Wird es ganz gezielt unterdrückt, so verlieren die Probanden augenblicklich das Interesse an ihrem Partner. Sie verteidigten ihn oder sie nicht einmal mehr vor möglichen Übergriffen anderer. In diesem Fall Laborratten. Aber das Hormon wirkt auch bei Menschen.

Quelle: ncbi.nlm.nih.gov/pmc/articles/PMC2888874/

Traurige Wahrheit 210

FRAUEN FÜHLEN SICH VON MÄNNERN ANGEZOGEN, DIE WIE IHR VATER RIECHEN.

Dabei muss es nicht mal ein ähnlicher Eigengeruch sein. In vielen Fällen reicht schlichtweg das gleiche Aftershave – vorausgesetzt, Papa trug es schon während ihrer Kindheit.

Quelle: newscientist.com/article/dn1815-women-attracted-to-men-who-smell-like-dad/

VON GEBROCHENEM HERZEN KANN MAN KRANK WERDEN.

Nicht nur so ganz poetisch, sondern regelrecht körperlich. Das sogenannte «Broken Heart Syndrome» bezeichnet durch Stress verengte Herzarterien und kann sowohl durch Trennungen als auch durch den Tod einer geliebten Person ausgelöst werden.

Quelle: Wikipedia

Traurige Wahrheit 212

DREI VIERTEL DER MÄNNER WÜRDEN IHRE PARTNERIN BETRÜGEN, WENN ES KEINERLEI KONSEQUENZEN HÄTTE.

Und übrigens auch 68 Prozent der Frauen – sie alle sind bereit für eine Affäre, wenn es hundertprozentig sicher wäre, dass der Partner es niemals herausfinden könnte.

Quelle: zeit.de/2012/13/CH-Monogamie

Traurige Wahrheit 213

DIE PILLE ÄNDERT DEN MÄNNERGESCHMACK.

Frauen, die hormonell verhüten, sind weit weniger interessiert an «männlichen» (sprich: hohe Testosteronwerte, maskuliner Körperbau) Männern. Zudem empfinden Frauen, die die Pille nehmen, ihren Partner als weniger anziehend und sind auch sonst sexuell generell weniger zufrieden. Sie trennen sich trotzdem seltener als Frauen, die nicht hormonell verhüten.

Quelle: sueddeutsche.de/leben/pille-und-partnerwahl-vernebelter-instinkt-1.29489

Traurige Wahrheit 214

ALLEIN SIND FRAUEN HÄSSLICHER.

Dieses als «Cheerleader-Effekt» bekannte Phänomen besagt, dass weibliche Gesichter als wesentlich attraktiver wahrgenommen werden, sobald sie als Teil einer größeren Gruppe präsentiert werden.

Quelle: welt.de/print/die_welt/wissen/article121346869/Der-Cheerleader-Effekt.html

Traurige Wahrheit 215

FRAUEN MÖGEN MÄNNER, DIE SIE SCHWER EINSCHÄTZEN KÖNNEN.

Hauptsache, schön kompliziert: Frauen mögen in erster Linie nicht die Männer, die sich ganz offensichtlich zu ihnen hingezogen zeigen. Sie interessieren sich vielmehr für Männer, die sich indifferent und schwer einschätzbar geben.

Quelle: psychologicalscience.org/news/releases/he-loves-me-he-loves-me-not-women-are-more-attracted-to-men-whose-feelings-are-unclear.html#.WRRs_1L5zUo

Traurige Wahrheit 216

80 PROZENT KÜSSEN IHR HAUSTIER ÖFTER ALS IHREN PARTNER.

Wo die Liebe so hinfällt. Man weiß es nicht. Außer bei Haustierbesitzern – da wurde mal nachgefragt:

83 Prozent fühlen sich am meisten von ihrem Haustier geliebt.
Zur Ehrenrettung: Immerhin 9 Prozent gaben hier ihren Partner an.

63 Prozent würden lieber mit ihrem Haustier kuscheln als mit dem Partner.

Eigentlich recht wenig, denn 83 Prozent geben an, dass ihr Tier viel besser schmusen kann als ihr Partner.

Quelle: VetIQ Umfrage 2015 «Love Your Pet»

Traurige Wahrheit 217

FRAUEN MÖGEN MÄNNER, DIE VON ANDEREN FRAUEN GEMOCHT WERDEN.

Immer der Masse nach! Allein die positive Beschreibung eines Mannes durch andere Frauen lässt ihn für eine Frau attraktiver werden.

Quelle: Randi Rodeheffer, Leyva Hill, «Attractive Female Romantic Partners Provide a Proxy for Unobservable Male Qualities», 2016

Traurige Wahrheit 218

WIR VERWECHSELN AUFREGUNG MIT VERLIEBTSEIN.

Wenn wir uns in Situationen befinden, die wir rein körperlich als aufregend empfinden, übertragen wir diese Aufregung auf Menschen in der Umgebung. Deswegen verliebt man sich auch gern mal im Urlaub. Oder beim Fallschirmspringen.

Quelle: D. Dutton, A. Aron, «Some evidence for heightened sexual attraction under conditions of high anxiety», 1974

WIR SIND SCHON VERLIEBT, WENN WIR NUR GLAUBEN, DASS WIR VERLIEBT SIND.

Einbildung ist auch eine Bildung: In einem Versuch wurden Menschen Fotos von Männern und Frauen gezeigt, während ihnen ihr Pulsschlag über Kopfhörer eingespielt wurde. Die Geschwindigkeit dieses Pulsschlages wurde allerdings manipuliert: mal viel schneller, mal viel langsamer. Personen auf Fotos, bei denen ein schnellerer Pulsschlag zugespielt wurde, wurden als wesentlich attraktiver bewertet.

Quelle: Stuart Valins, «Cognitive Effects of False Heart-Rate Feedback», 1966

GLÜCKLICH VERLIEBT SEIN MACHT FETT.

Sobald man einen Partner gefunden hat, kann man sich ja gehenlassen. Scheint so: Glücklich verheiratete Paare haben nach vier Ehejahren auf jeden Fall mehr Kilos auf den Rippen. Die Unglücklichen hingegen bleiben schlanker – vermutlich um für neue Partner in Form zu bleiben.

Quelle: National Center for Biotechnology

VERLIEBTE SIND UNPRODUKTIVER.

Verliebt sein ist sehr aufregend. So aufregend, dass wir uns nur schlecht auf andere Dinge konzentrieren können: Sich längere Zeit auf Aufgaben zu fokussieren oder aktiv Probleme zu lösen fällt Verliebten signifikant schwerer.

Quelle: Journal, «Motivation and Emotion», 1977

DIE FRAU SOLL BITTE SEHR DEN ANFANG MACHEN.

91 Prozent der männlichen Mitglieder einer Online-Partner-vermittlung wünschen sich, dass die Frau den ersten Schritt macht. Nicht gefragt wurde allerdings, ob sie deshalb in einer Partnerbörse unterwegs sind.

Quelle: match.com

SCHÖNE NEUE DATING-WELT

Gut, wo wir hier also schon gelandet sind, schauen wir doch mal richtig rein – ins Internet. Social Media und Online-Dating sind ein wahres Geschenk, allen voran für Verhaltens-forscher und für unerschrockene Menschen wie Sie und mich, die immer noch mehr über die niedrigen Antriebe der Menschen erfahren wollen.

Traurige Wahrheit 222

FRAUEN FÜRCHTEN SERIENKILLER, MÄNNER DICKE.

Beim Online-Dating ist die Hauptangst von Frauen, auf einen Serienkiller zu treffen. Männer fürchten sich vor jemandem, der übergewichtig ist.

Quelle: Robert Kenner, «When Strangers Click», 2011

Traurige Wahrheit 223

FRAUEN MÖCHTEN BESTÄTIGUNG. MÄNNER WOLLEN SEX.

Hauptsache, sie will – Hauptsache, er will MICH. So nah und doch so fern sind die Beweggründe für Männer und Frauen beim Online-Dating. Weibliche Tinder-Nutzer suchen häufig nur nach Bestätigung für ihre Attraktivität. Die Männer treibt primär der Wunsch nach sexuellen Kontakten um.

Quelle: journal-bmp.de/2015/12/match-me-if-you-can-eine-explorative-studie-zur-beschreibung-der-nutzung-von-tinder/

Traurige Wahrheit 224

AUF TINDER SEHEN SIE ALLE GLEICH AUS.

Für die Selbstdarstellung auf Tinder nutzen Frauen zu 90 Prozent Selfies. Sie präsentieren sich dabei bevorzugt von oben nach unten fotografiert, weil sie schüchterner und zierlicher wirken wollen. So die Studie. Männer fotografieren sich demnach in knapp über 50 Prozent der Bilder selbst. Sie stellen sich dann zumeist von unten nach oben dar. Weil's maskulin und stark wirkt.

Quelle: Jennifer Sedgewick, *Presenting Your Best Self(ie): «The Influence of Gender on Vertical Orientation of Selfies on Tinder»*, 2017

Traurige Wahrheit 225

42 PROZENT DER TINDER-NUTZER SIND BEREITS LIIERT.

Quelle: journal-bmp.de/2015/12/match-me-if-you-can-eine-explorative-studie-zur-beschreibung-der-nutzung-von-tinder/

Traurige Wahrheit 226

WAS BEIM ONLINE-DATING WIRKLICH PASSIERT

Für die Portale Thought Catalog und LifeHack haben Christopher Hudspeth bzw. Marcann Reid ganz tapfer die Grundwahrheiten des Online-Dating zusammengefasst. Und damit extrem viel Zuspruch geerntet. Hier deshalb die wichtigsten Erkenntnisse in Kurzform:

1. Niemand telefoniert mehr.
Ihre Kommunikation wird mit Buchstaben und noch mehr mit Smileys funktionieren müssen.

2. Die Leute lügen.
Egal, wie ehrlich jemand daherkommt. Immer ist irgendwo eine Lüge. Denn Lügen bringt die Menschen hier schneller weiter.

3. Und Sie werden auch lügen.
Etwas verschweigen, etwas beschönigen. Auch Sie machen früher oder später mit.

4. Die Person, die sich weniger für den anderen interessiert, hat die ganze Macht.
Niemand will hier der sein, dem es wirklich was bedeutet. Allein um zu zeigen, wie wenig es ihnen bedeutet und wie sehr sie überlegen sind, lassen andere Sie absichtlich Stunden warten und Tage vergehen, bis sie sich melden. Die Person mit null Interesse wirkt dabei genauso wie die, die Sie total umwerfend findet, aber ihre Spielchen spielt (oder spielen muss). Viel Glück dabei, den Unterschied zu finden.

5. Es gibt keine verbindlichen, festen Pläne mehr.
Die Menschen haben durch Social Media so viele Möglichkeiten – bis in letzter Minute oder für einen anderen Menschen auf der Liste. Wenn Sie nicht ganz oben stehen, leben Sie mit vielen «Vielleicht» oder «Mal schauen».

6. So etwas wie schlechtes Karma gibt es nicht.
Jemand, der dich schlecht behandelt, belügt oder betrügt,
wird danach genauso weiterleben. Nur dir geht es schlecht.

*7. Der einzige Unterschied, ob Ihre Aktionen sehr romantisch
oder völlig verzweifelt sind, liegt darin, wie attraktiv Ihr
Gegenüber Sie findet.*

8. Deine Textnachricht kommt immer an.
Fehlfunktionen, Funklöcher und «Ich hatte mein Handy
aus» gibt es nicht.

*9. Die Menschen haben große Angst vor Ernsthaftigkeit
und Bindung.*
Immer schön im Vagen, Ungefähren und Unverbindlichen
bleiben. «Wir treffen uns nur so» heißt dann: Wir sind ja
nicht «so richtig *zusammen* zusammen».

*10. Social Media kreiert die Illusion, man habe unendliche
Optionen.*
Das führt dazu, dass die Menschen Facebook als mensch-
liche Menükarten ansehen. Und dazu, dass sich andere als
Tagesgericht präsentieren.

11. Keiner weiß, wo fremdgehen eigentlich anfängt.
Social Media eröffnet so viele subtile Möglichkeiten des
Fremd-Flirtens (z. B. Bilder liken), dass mittlerweile keiner
mehr weiß, wo Fremdgehen eigentlich so ganz genau anfängt.

Quelle: http://thoughtcatalog.com/christopher-hudspeth/2014/04/18-
ugly-truths-about-modern-dating-that-you-have-to-deal-with und
Reddit – The ups and downs of online dating

Traurige Wahrheit 227

WER SICH IM INTERNET TRIFFT, TRENNT SICH AUCH DA.

Ein Großteil der Paare, die sich online kennengelernt haben, trennt sich auch online.

Quelle: match.com

Traurige Wahrheit 228

TINDER-NUTZER HABEN EIN GERINGERES SELBSTBEWUSSTSEIN UND FÜHLEN SICH HÄSSLICHER.

Die Tatsache, auf Tinder nur eine oder einer unter sehr vielen zu sein und jederzeit zurückgewiesen werden zu können, macht Männer wie Frauen unsicher und verändert ihr Selbstbild zum Schlechteren.

Quelle: Jessica Strubel, «Love me Tinder: Body image and Psychosocial Functioning Among Men and Women», 2017

Traurige Wahrheit 229

MÄNNER SIND GENAUSO GEKRÄNKT WIE FRAUEN.

Es matched nicht? Oder noch schlimmer: Treffer, aber das Match schreibt nicht zurück? Damit kommen Frauen wie Männer gleich schlecht klar: Beide reagieren hier fast unterschiedslos emotional verletzt.

Quelle: Jessica Strubel, «Love me Tinder: Body image and Psychosocial Functioning Among Men and Women», 2017

WORÜBER ONLINE AM MEISTEN GELOGEN WIRD.

Eine Studie über Online-Dating in den USA und Großbritannien ergab, dass 53 Prozent aller Menschen in ihren Dating-Profilen bewusst – in Wort und Bild – die Unwahrheit sagen.

Die TOP-10-Lügen der Männer

1 Job (besser, als er ist)
2 Größe (größer)
3 Gewicht (weniger)
4 Körperbau (athletischer)
5 Geld (mehr)
6 Berufstitel (höher)
7 Interessanter Beruf
8 Bekanntschaft mit Berühmtheiten
9 Hat einen Assistenten oder Angestellte
10 Arbeitet in der Filmindustrie

Die TOP-10-Lügen der Frauen

1 Gewicht (weniger)
2 Alter (jünger)
3 Körperbau (schlanker)
4 Größe (größer)
5 Geld (mehr)
6 Brustumfang (mehr)
7 Glamouröser Beruf
8 Bekanntschaft mit Berühmtheiten
9 Hat einen Assistenten oder Angestellte
10 Arbeitet in der Unterhaltungsindustrie

Quelle: Global Research *OpinionMatters*

7. ERNSTHAFT?!
DIE GANZE WAHRHEIT ÜBER PARTNERSCHAFT

«Wenn ein Mann einer Frau die Autotür aufhält,
ist es entweder ein neues Auto. Oder eine neue Frau.»
– Prinz Philip

Wer hier und da mal einen Horrorfilm schaut, der weiß bereits mehr: Es ist immer das Allerbeste, wenn die Menschen schön zusammenbleiben. Sobald sich nämlich einer trennt, geht das Theater richtig los. Es gibt alsbald und unausweichlich großes Geschrei, Geheule, Gehaue und noch Gruseligeres.

Wie komm ich da jetzt drauf? Nun, das Zusammensein gilt auch in der Realität als eine gute Taktik, sich den Horror des Lebens besser vom Hals zu halten. Die Menschen lächeln sich also im Supermarkt erst schüchtern zu, raufen sich dann zu Ehen oder Partnerschaften zusammen, beziehen eine gemeinsame Wohnung oder ein Haus – und machen dann erst mal schnell die Tür hinter sich zu. Bumm. Durchschnaufen. Endlich in Sicherheit!

Jetzt gibt es allerdings ziemlich exakt zwei Möglichkeiten, wie eine Partnerschaft verläuft: Entweder man bleibt so lange zusammen, bis einer stirbt, oder man trennt sich irgendwann. Die erstgenannte Alternative gilt aktuell übrigens als die romantische.

Selbst die allerallerallerglücklichsten Partnerschaften enden traditionell mit dem Tod. Aber das ist ein anderes Kapitel. Wir konzentrieren uns auf die Zeit davor. Die ist nämlich auch nicht ohne – sie lässt sich grob in drei Akte einteilen: – der heiße «Du-darfst-dich-NIEMALS-ändern!»-Auftakt, das zähe «Du-musst-dich-ändern!!»-Hickhack und das große

«Du-hast-dich-einfach-zu-sehr-verändert!!!»-Finale. Nach Zugaben fragt gewöhnlich keiner.

Warum ist Zusammensein dann überhaupt so ein Dauerbrenner? Das ist vermutlich ein einfaches Wahrnehmungsproblem: weil die erste Busserl-Phase zwar kurz, aber dafür gleißend strahlt und den Rest so einfach mal locker überblendet. Aber zum (Un-)Glück gibt es ja dieses Buch. Also, alter Affe Liebe, genug getanzt, schieb deinen Arsch beiseite, wir wollen mal gucken, was alles so dahinterliegt.

Auch hier hilft es, wenn Sie sich mit Horrorfilmen ein wenig abgehärtet haben.

Traurige Wahrheit 231
52 PROZENT ALLER PAARE HABEN KEINEN SEX IN DER HOCHZEITSNACHT.
Warum? Warum nicht? Die Gründe wurden auch abgefragt – man kann sie sich fast denken:

1. «Er war zu betrunken.» (24 %)
2. «Sie war zu erschöpft.» (16 %)
3. «Sie war zu betrunken.» (13 %)
4. «Einer musste auf die Kinder aufpassen.» (11 %)
5. «Wir hatten Streit!» (9 %)
6. «Wir haben durchgemacht und mit den Gästen gefeiert.» (7 %)
7. «Keine Lust!» (4 %)

Quelle: huffingtonpost.de/2013/10/18/hochzeitsnacht-sex-neun-gruende paare_n_4120140.html

Traurige Wahrheit 232

IRGENDWANN GLAUBEN SIE SELBST IHRE EIGENEN VORURTEILE.

Du bist so und so! Du machst immer dies und das! Sagen
wir es nur oft genug, dann glauben wir es irgendwann selbst.
Wir erzeugen durch vielfache Wiederholung für uns ein
«persönliches Stereotyp» unseres Partners. Und es ist sehr
schwierig, dieses einmal geprägte Bild wieder zu verändern.

Quelle: Daniel Gilbert, «How mental systems believe», 1991

Traurige Wahrheit 233

**EIFERSUCHT VERSCHLECHTERT BEI FRAUEN DIE
SEHFÄHIGKEIT.**

Liebe macht blind. Aber auch Eifersucht geht in diese Rich-
tung: Frauen haben die Neigung, sich von Stimmungen und
Gefühlen so sehr beeindrucken zu lassen, dass sie schlechter
sehen können.

Quelle: medicalxpress.com/news/2010–04-jealousy.html

Traurige Wahrheit 234

MÄNNER BRAUCHEN KEINE HOCHROMANTISCHEN HEIRATSGRÜNDE.

Warum haben sich Männer ihre Ehefrau gewählt? Die Antwort interessiert Frauen wohl seit der Erfindung der Ehe.
Bitte sehr, hier ist sie: Auf die Frage: «Warum haben Sie
ausgerechnet diese Frau geheiratet?», lautet die Top-eins-
Antwort: «Weil sie eine nette Person ist.» Hach, wer kriegt
da keine weichen Knie, oder?

Quelle: Rachel Greenwald, «Exit Interviews»

Traurige Wahrheit 235

DIE EIFERSUCHT TRÄGT BUNT.

Eifersüchtige Frauen greifen beim Shopping öfter zu bunten und schrillen Kleidungsstücken und Accessoires.

Quelle: Huang, «Competing for Attention: The Effects of Jealousy on Preference for Attention-Grabbing Products», 2017

Traurige Wahrheit 236

ZWÖLF PROZENT DER VERHEIRATETEN PAARE SCHLAFEN GETRENNT.

Entweder einer auf der Couch oder beide gleich ganz in getrennten Zimmern. Aber mehr noch: 15 Prozent der Männer lieben es nicht sonderlich, neben ihrer Freundin einzuschlafen. Bei den Frauen ist es sogar jede Vierte, die sich lieber allein in den Laken wälzt.

Quelle: National Sleep Foundation / Elite Partner

Traurige Wahrheit 237

30 PROZENT ALLER SCHEIDUNGSPAPIERE ENTHALTEN IN DER BEGRÜNDUNG DAS WORT «FACEBOOK».

2011 war das. Dürfte nicht viel besser geworden sein. Neue Zahlen vermeldet Italien: 2014 wurde in fast jedem zweiten Scheidungsantrag das Wort «WhatsApp» benutzt.

Quelle: www.thetimes.co.uk/article/whatsapp-dragged-through-divorce-courts-vxz6vn6lspocharlestonscdivorce.com/one-in-three-divorce-filings-include-the-word-facebook/

Traurige Wahrheit 238

GEWALT IST TEIL VIELER BEZIEHUNGEN.

Jede vierte Frau im Alter zwischen 16 und 85 Jahren hat im Verlauf ihres Lebens mindestens einmal körperliche und / oder sexuelle Übergriffe durch ihren Mann, Freund oder Expartner erlebt. In jeder 17. Paarbeziehung kommt es zu sehr schweren Fällen körperlicher und psychischer Gewalt.

Quelle: BMFSFJ – Studie «Gewalt gegen Frauen in Paarbeziehungen»

Traurige Wahrheit 239

JE TEURER DIE HOCHZEIT, DESTO KÜRZER DIE EHE.

Paare, die über 20 000 Dollar für ihre Hochzeitsfeierlichkeiten ausgeben, lassen sich 1,6-mal so häufig scheiden wie Paare, die unter 10 000 Dollar bleiben.

Quelle: Francis Mialon, «‹A Diamond is Forever› and Other Fairy Tales: The Relationship between Wedding Expenses and Marriage Duration», 2014

Traurige Wahrheit 240

ZUSAMMEN IST MAN AUCH ALLEIN.

Das Verheiratetsein ist offenbar kein allzu großer Schutz vor Einsamkeit: 62,5 Prozent aller Menschen, die angeben, sich einsam zu fühlen, sind verheiratet oder in einer festen Beziehung.

Quelle: psychologytoday.com/blog/the-squeaky-wheel/201306/ together-still-lonely

IHR BERUF BESTIMMT IHRE TRENNUNGSWAHRSCHEINLICHKEIT.

Augen auf bei der Berufswahl – vor allem bei der des Partners. Hier die Berufsgruppen, die es nur schwerlich aushalten können, bis dass der Tod sie scheidet:

1. Tänzer und Choreographen (Scheidungsrate: 43,1 %)
2. Barkeeper (38,4 %)
3. Masseure (38,2 %)
4. Croupiers (34,7 %)
5. Maschinenführer (32,7 %)
6. Casino-Mitarbeiter (31,4 %)
7. Fabrikarbeiter (29,8 %)
8. Call-Center-Mitarbeiter (29,3 %)
9. Krankenschwestern (28,9 %)
10. Angestellte in der Unterhaltungsindustrie, Portiers und Gepäckträger (28,5 %)

Quelle: Shawn McCoy, Michael Aamodt, «Divorce rates for law enforcement personnel: Another myth bites the dust», 2000

DIE MEISTEN EHESTREITIGKEITEN LASSEN SICH ÜBERHAUPT NICHT LÖSEN.

69 Prozent aller Paarprobleme sind chronisch und eigentlich reine Zeitverschwendung. Sie verschwinden auch nach Jahren der Streiterei nicht. Diese meist fundamentalen Differenzen beruhen auf dem unvereinbaren Lebensstil, unterschiedlichen Persönlichkeiten und abweichenden Wertevorstellungen der beiden Partner.

Quelle: Gottman Research

DIE GANZE WAHRHEIT ÜBER PARTNERSCHAFT

Traurige Wahrheit 243

VIELE MENSCHEN SIND «NATURAL-BORN-SEITENSPRINGER».
Entscheidend ist demnach das Gen DRD4. Es hilft, das
Glückshormon Dopamin zu regulieren. Etwa ein Fünftel der
Menschen besitzt die Variante DRD4–7R, sie neigen zu ho-
hen Risiken und neuen Reizen – und zu Seitensprüngen.

Quelle: Justin Garcia, «Associations between Dopamine D4 Receptor
Gene Variation with Both Infidelity and Sexual Promiscuity», 2010

Traurige Wahrheit 244

**EIN VIERTEL ALLER MÄNNER IN EINER FESTEN
PARTNERSCHAFT SCHWÄRMT HEIMLICH FÜR
EINE ANDERE FRAU.**

Quelle: Umfrage ‹ElitePartner›

Traurige Wahrheit 245

**MEHR ALS DIE HÄLFTE DER FRAUEN HALTEN IHREN EHEMANN
«NICHT FÜR EINEN SEELENVERWANDTEN».**

Quelle: Woman's Day/AOL Living Honesty Poll 2009

Traurige Wahrheit 246

AFFÄREN ENDEN AUCH NICHT IM GLÜCK.
Über 75 Prozent aller Ehen, die aus Affären entstanden sind,
werden wieder geschieden.

Quelle: Holly Hein, «Sexual Detours: Infidelity and Intimacy at the
Crossroads», 2000

Traurige Wahrheit 247

ÜBER 72 PROZENT DER EHEFRAUEN HABEN SCHON MAL MIT DEM GEDANKEN GESPIELT, IHREN MANN ZU VERLASSEN.

Quelle: Woman's Day/AOL Living Honesty Poll 2009

Traurige Wahrheit 248

JEDE DRITTE FRAU VERTRAUT IHREM MANN NICHT.

Quelle: Woman's Day/AOL Living Honesty Poll 2009

Traurige Wahrheit 249

EINE EHE MACHT ES NICHT BESSER.

Nur ein Viertel der verheirateten Frauen gibt an, dass ihr Mann sich im Laufe der Ehe verbessert hat. Für fast die Hälfte (46 Prozent) ist es einfach nur schlechter geworden.

Quelle: Woman's Day/AOL Living Honesty Poll 2009

Traurige Wahrheit 250

FRAUEN BETRÜGEN ÖFTER WÄHREND DES EISPRUNGS.

Dabei setzen sie auf alle bewährten Tricks. Meist unbewusst bieten sie potenziellen Sexualpartnern zu dieser Zeit das volle Programm: Während des Eisprungs sprechen Frauen mit einer höheren Stimme, sie tragen mehr Make-up, sie wählen buntere Kleider, und sie gehen sogar anders, langsamer.

Quelle: Gregory Bryant, «Vocal cues of ovulation in human females», 2009; Alec Beall, «Women Are More Likely to Wear Red or Pink at Peak Fertility», 2012; Nicolas Gueguen, «Gait and menstrual cycle: ovulating women use sexier gaits and walk slowly ahead of men», 2012

MENSCHEN BETRÜGEN ÖFTER KURZ VOR RUNDEN GEBURTSTAGEN.

Mit 29, 39, 49 oder 59 Jahren steigt zuverlässig der Anteil der Menschen, die ihren Partner betrügen. Torschlusspanik?

Quelle: IllicitEncounters, «Birthday Cheaters – People Most Likely to Cheat Before Milestone Birthdays»

Traurige Wahrheit 252

BETRÜGER FAHREN AUDI.

Damit werben sie bei AUDI nicht, aber das Seitensprung-Portal IllicitEncounters hat in einer Befragung herausgefunden, dass überdurchschnittlich viele, nämlich 22 Prozent, ihrer männlichen Mitglieder einen AUDI fahren.

Quelle: metronews.ca/drive/2013/07/16/audi-the-favourite-car-of-the-unfaithful-says-u-k-cheating-website.html

Traurige Wahrheit 253

MÄNNER STELLEN EINE BEZIEHUNG HÄUFIGER IN FRAGE ALS FRAUEN.

Die Hauptgründe für eine vom Mann initiierte Trennung haben allerdings nicht viel mit Gefühlen oder unterschiedlichen Lebenszielen zu tun – sondern:

Trennungsgrund Nr. 1: «Das Dauernörgeln»

Ständiges Jammern und Herumkritisieren erzeugt bei fast der Hälfte der befragten Männer einen Trennungswunsch. Frauen liegen hier lediglich bei 34 Prozent.

Trennungsgrund Nr. 2: «Die Langeweile im Bett»
Lieber Single als öder Sex – das sagen 38 Prozent der
Männer. Frauen hingegen würden zu 82 Prozent an der
Beziehung festhalten.

Trennungsgrund Nr. 3: «Die totale Kontrolle»
«Wo bist du?», «Was machst du?» – damit kann Frau jeden
vierten Mann in die Flucht schlagen. Nur jede sechste Frau
kann mit Kontrollfreaks nicht umgehen.

Trennungsgrund Nr. 4: «Zu dick»
14 Prozent der Männer stört es, wenn Frauen an Gewicht
zulegen. Wobei nur 8 Prozent der Frauen mit ihrem Wasch-
bären daheim ein Problem haben.

Quelle: Umfrage ‹ElitePartner›

Traurige Wahrheit 254
BETRÜGER SIND GLÜCKLICH VERHEIRATET.
Zumindest aus ihrer Sicht: 56 Prozent aller Ehemänner, die
eingestehen, ihre Frau zu betrügen, geben an, «im Großen
und Ganzen» sehr zufrieden mit ihrer Ehe zu sein.

Quelle: telegraph.co.uk/men/relationships/reasons-women-cheat/

Traurige Wahrheit 255
HAUPTSACHE, DEM MANN GEHT'S GUT.
Das Geheimnis einer langen Ehe? Ernüchternd. Es lautet:
Hauptsache, ihm geht's gut.
Bei einer Analyse von Paaren im Alter zwischen 63 und
90 Jahren, deren Beziehungen im Durchschnitt 39 Jahre

lang waren, kamen die untersuchenden Soziologen zu dem Schluss: Die entscheidende Rolle für eine erfolgreiche Ehe spielen die Gesundheit und die Lebenseinstellung des Mannes. In Ehen, in denen die Frauen ihren Männern eine positive Einstellung attestierten, kommt es weniger häufig zum Streit. Die Frauen berichteten öfter von Konflikten, wenn es dem Mann gesundheitlich schlechtging. Und auch: Das Wohlbefinden der Frau wirkt sich laut Studie überhaupt nicht auf die Beziehung aus.

Quelle: berliner-kurier.de/3650854

Traurige Wahrheit 256

HUNGER SCHAFFT EHEPROBLEME.

Liebe geht durch den Magen. Leider. Denn Aggressionen zwischen Mann und Frau sind manchmal das Ergebnis eines niedrigen Glukosespiegels. Die Studie dazu verdient Erwähnung: Paare wurden gebeten, morgens und abends vor und nach dem Essen ihre Blutwerte zu messen und anschließend Nadeln in eine Voodoo-Puppe zu stecken, die ihren Partner symbolisiert. Bestechendes Ergebnis: Niedrige Zuckerwerte – viele Nadeln im Partner!

Quelle: Brad Bushmann, «Low glucose relates to greater aggression in married couples», 2014

Traurige Wahrheit 257

FRAUEN HALTEN KONKURRENTINNEN MIT LUXUS-HANDTASCHEN AUF ABSTAND.

Was soll eigentlich diese Handtaschensache immer? Jetzt wissen wir's. Teure Designerstücke sind für Frauen viel mehr als Mode – sie sind ein ganz klares Zeichen an potenzielle Konkurrentinnen: Schaut her, ich bin meinem Mann sehr viel Wert! Also, denk nicht mal dran, Schätzchen.

Quelle: Yajin Wang, «Conspicuous Consumption, Relationships, and Rivals: Women's Luxury Products as Signals to Other Women», 2014

Traurige Wahrheit 258
60 PROZENT ALLER EHEN AUF DER WELT SIND ARRANGIERT.
Die Mehrheit der Bevölkerung hat wenig bis keinen Einfluss auf die Wahl ihres potenziellen Dauer-Sexualpartners.

Quelle: The Penguin Atlas of Sexual Behaviour

Traurige Wahrheit 259
TRENNUNGEN SIND ANSTECKEND.
Wenn ein nahestehendes Paar sich trennt, steigert dies das Risiko für ihre Scheidung oder Trennung um erstaunliche 75 Prozent. Dazu kommt ein richtiger Domino-Effekt, der führt dazu, dass selbst bei Trennungen von Freunden von Freunden die Wahrscheinlichkeit ihrer Scheidung um ein Drittel steigt.

Quelle: Rose McDermott, «Breaking Up Is Hard to Do, Unless Everyone Else is Doing it Too», 2012

Traurige Wahrheit 260
UNGLÜCKLICHE PAARE BLEIBEN TROTZDEM ZUSAMMEN.
Dass Paare, die sich nach Lage der Dinge eigentlich sofort trennen müssten, sich dann auch wirklich trennen, ist eine absolute Fehlannahme. Tatsächlich bleiben viele lieber un-

glücklich zusammen. Hier eine Auflistung der häufigsten, ernüchternd-pragmatischen Gründe, warum:

1. *«Eine Trennung ist anstrengend.»*
Gerade nach einem heftigen Streit macht für viele eine Trennung Sinn, aber sobald man dann die Details durchdenkt, erscheint alles noch komplizierter: Umzugsunternehmen müssen her, die Konten und die Sachen müssen aufgeteilt werden, man muss Freunden und der Familie alles erklären, dann alles auf Facebook löschen. Und wohin mit dem Hund? Puh. Nee. Dann lieber doch weitermachen.

2. *«Mein Partner kennt zu viele intime Details.»*
«Ich hasse ihn, aber er kennt alle meine Passwörter, Steuergeheimnisse, kleinen und großen Schummeleien. Meinen Körper. So jemand will ich nicht als meinen Feind. Ich will nicht erpressbar sein. Deswegen bleiben wir zusammen.»

3. *«Ich will nicht wieder Leute kennenlernen müssen.»*
Vielen ist Dating zu anstrengend. Die ganze Kennenlernerei plötzlich wieder. Online-Partnerschaftsbörse und Tinder-Egotrips. Man ist ja nun auch keine 20 mehr. Das ist alles kompliziert und nervig. Die anderen da draußen sind doch eh alle gestört. Deswegen trennt man sich lieber nicht.

4. *«Ich will nicht allein sein.»*
Allein. Einsam. Nur Sie gegen die Welt. Was soll man machen? Und was sollen die anderen denken? Die Familie? Nein, wir bleiben lieber zusammen.

5. *«Ich will unsere Freunde nicht aufteilen.»*
In einer längeren Partnerschaft wird man auch immer Teil der Familie des anderen. Jeder bringt einen Freundeskreis mit. Man hat sich mittlerweile an zu viele Menschen gewöhnt, die man dann wohl auch verlieren würde. «Bleiben wir also doch lieber zusammen.»

6. *«Ich habe Angst vor den Reaktionen meines Partners.»*
«Ich weiß nicht, was danach mit ihm oder ihr passiert. Sie könnte sich etwas antun. Oder schlimm krank werden. Er könnte auch mir etwas antun. Bleiben wir besser zusammen.»

7. *«Ich habe kein Geld.»*
«Ich kann mir eine Trennung doch gar nicht leisten. Die neue Wohnung. Die ganzen Rechnungen. Die Versicherungen. Die Abendessen. Bleiben wir also doch lieber zusammen.»

8. *«Ich denke nur an die Kinder.»*
«Die Kleinen sollen Mama und Papa haben. Eltern, die sich nicht sonderlich mögen, sind immer noch besser als keine Eltern, oder? Sie mögen ihren Vater doch so sehr. Die Kleinen sollen mit Vater und Mutter frühstücken und Abend essen. Die anderen Kinder würden komisch nachfragen. Jedes Kind braucht eine komplette Familie. Sonst wird ihr Leben Mist. Deswegen bleiben wir zusammen.»

Quelle: Psychology Today

Traurige Wahrheit 261

HÄSSLICHE FRAUEN GEFÄHRDEN DAS EHEGLÜCK.

Je attraktiver die Ehefrau im Vergleich zu ihrem Mann ist, desto glücklicher ist die Beziehung. Für beide! Entscheidend ist offenbar der Umgang miteinander: Ist die Frau schöner als der Mann, verhalten sich beide in Gesprächen konstruktiver. Ist der Mann attraktiver, gehen sie schlechter miteinander um.

Quelle: James Mc Nulty, «Beyond Initial Attraction: Physical Attractiveness in Newlywed Marriage», 2009

Traurige Wahrheit 262

VERHEIRATETE FRAUEN HABEN ÖFTER DEPRESSIONEN.

Sie sind weniger offen für positive Erfahrungen als Ledige. Unter Spannungen und Nörgeleien neigen sie vermehrt dazu, alles generell schwärzer zu sehen und das Leben deshalb einfach weniger zu genießen.

Quelle: chicagotribune.com/ct-troubled-marriage-depression-balancing-20140429–5-column.html

Traurige Wahrheit 263

WER ZUSAMMEN TRINKT, BLEIBT LÄNGER ZUSAMMEN.

Ernüchternd möchte man sagen. Allerdings gilt dies im Vergleich zu Paaren, bei denen nur ein Ehepartner regelmäßig Alkohol trinkt. Leben beide abstinent, wirkt sich dies ebenfalls positiv auf die Ehe aus.

Quelle: Kira Briditt, «Drinking Patterns Among Older Couples: Longitudinal Associations With Negative Marital Quality», 2016

FRAUEN WOLLEN EINE KUTSCHE, MÄNNER EINE GRILLWURST.

Wie sähe Ihre perfekte Traumhochzeit am ehesten aus? Hier gehen die Antworten bei den Geschlechtern doch ein wenig bis meilenweit auseinander: Frauen präferieren es «klassisch und romantisch mit großer Hochzeits-Robe, Tauben, Pferdekutsche, Ballsaal und Co.», Männer hätten es am liebsten ganz lässig, so «eine lockere Feier mit Bierchen, Grillwürstchen und guter Musik». Prost.

Quelle: www.parship.de/editorial/unternehmen/presse/ pressemeldungen-2016/parship-studie-jeder-fuenfte-deutsche- wuerde-schon-nach-wenigen-wochen-heiraten/

Traurige Wahrheit 265

LIEBE IST NUR EINER VON SEHR VIELEN HEIRATSGRÜNDEN.

Klar, es ist einfach die grooooße Liebe. Und das machen wir beiden Hübschen jetzt amtlich! Aber kann es sein, das da noch was ist, was zwei Menschenkinder aufs Standesamt treibt? Kann sogar sehr gut sein – auf eine anonyme Umfrage hin gaben Frauen und Männer folgendes zu Protokoll:

«Ich heirate, weil der Mann, den ich eigentlich liebe, mit einer anderen verheiratet ist.»

«Ich heirate, weil ich müde und erschöpft von der ganzen Dating-Szene bin.»

«Ich heirate ihn nur wegen des Geldes.»

«Ich heirate ihn wegen unseres Kindes. Sein Glück ist das Wichtigste.»

«Ich heirate meine Freundin, weil meine Familie das erwartet.»

«Ich heirate, weil ich weg von meinen Eltern will.»

«Ich heirate, damit ich mir eine Ausbildung leisten kann.»

«Ich heirate, weil mein Freund so gerne heiraten möchte.»

«Ich heirate, damit ich Sex ohne Kondom haben kann.»

«Ich heirate, weil ich mich dazu gezwungen fühle.»

«Ich heirate, weil ich gern Hochzeit feiern möchte.»

Quelle: http://whisper.sh/stories/d791e0ab-5f65-41bf-a61d-e2529b82094b/17-Surprising-Reasons-Couples-Are-Getting-Married

8. ICH WUSSTE ES!
DIE GANZE WAHRHEIT ÜBER FRAUEN

«Warum können Frauen nicht Ski fahren?
Weil es in der Küche nicht schneit!»

– witzezeitung.de/sprueche/frauen-sprueche/frauen feindliche-sprueche

Mit Frauen gibt es immer Scherereien. Immer schon. Da muss man auch gar nicht so weit zurückgehen. Bis zu Adam und Eva reicht völlig. Wer war denn damals schon der Blödmann vom Dienst? Die Älteren erinnern sich vielleicht? Also, Adam war's nicht. Der erste große Auftritt in unserer Kulturgeschichte und, zack, schon alles falsch gemacht, was man überhaupt falsch machen konnte: sich leichtgläubig bequatschen lassen, 'nen Apfel essen, nicht mehr nackt rumlaufen wollen und zur Strafe dann im hohen Bogen aus dem Paradies raus.

Apfel essen ist jetzt nicht so schlimm. Damals aber schon. Auf jeden Fall hat sich die Frau von der Nummer nicht mehr erholt. Ein schwaches Bindegewebe und schwacher Muskelaufbau taten dann ihr Übriges. Einmal im Schatten der Geschlechter stehend, konnte sich die Frau nicht mehr rausboxen. Es reichte immer nur für die Nebenrollen. Es ist zum Heulen. Aber Besserung ist in Sicht. So wurde es versprochen. Die Gleichberechtigung geht um in Europa. Und alle machen mit. Yeah! Auch die Männer sind jetzt voll auf der richtigen Seite. Handzahm und verständnisvoll machen sie Platz. So der Plan.

Und soooooo unterschiedlich sind beide Geschlechter ja dann auch nicht. Im Gegensatz zu, sagen wir jetzt mal, Tiefseeanglerfischen. Da ist das Männchen um ein 20-Faches kleiner. Menschliche Frauen hingegen sind bereits aus einiger Entfernung, im guten Licht und mit zusammengekniffenen Augen von Männern fast nicht zu unterscheiden.

Klar, es gibt Unterschiede: Männer können einen Diskus ein gutes Stück weiter weg werfen. Das gleichen Frauen aber spielend mit eigenen Stärken wieder aus. Mit einer küchenmesserscharfen Wahrnehmung etwa. Eine Kollegin kommt nach der Mittagspause zurück. Mit neuen Schuhen. Wir sehen das! Oder wenn eine Freundin statt «Booah, jetzt erst mal einen Hugo, und dann machen wir gleich mit Chardonnay weiter» plötzlich «Ach, heute hab ich mal Lust auf eine gute Sprite» sagt, dann wissen Frauen aber ganz, ganz genau, was da im Busch ist.

Doch ansonsten spielt das Geschlecht im Alltag heute keine Rolle mehr. Oder? Das wird ja immer so gesagt. Mir fällt jetzt zwar spontan nur ein Beispiel ein: GEZ-Gebühren! Da gibt es keine Unterschiede. Moment, noch einer: Kino! Wenn man im Kino etwas zu spät kommt, weil man noch wegen dem Popcorn-Eimer oder der Cola light angestanden ist und sich dann durch die dunklen Reihen zu seinem Sitzplatz durchentschuldigen muss. Dann spielt es kaum eine Rolle, ob da jetzt ein Mann oder eine Frau die Beine ängstlich zurückzieht. Es gibt sicherlich noch viele gute Beispiele für totale Geschlechtergleichheit. Beizeiten suche ich mal danach. Bis dahin gucken wir uns erst mal an, was für Frauen heute so alles falschläuft.

Traurige Wahrheit 266

NUR EINE EINZIGE VON 25 FRAUEN FINDET SICH SCHÖN.

Quelle: Studie Dove «Die ganze Wahrheit über Schönheit»

Traurige Wahrheit 267

EINE SCHWANGERSCHAFT IST ZUM HEULEN.

Ein Viertel der Frauen leidet bereits während der Schwangerschaft unter Depressionen. Ein Zehntel aller jungen Mütter danach. Dieser Baby-Blues trifft allerdings auch Männer. Jeder Zehnte leidet nach der Schwangerschaft an Depressionen – doppelt so häufig wie der Bevölkerungsdurchschnitt.

Quelle: Meta-Studie, Eastern Virginia Medical School

Traurige Wahrheit 268

JEDE 20. FRAU LEIDET UNTER CHRONISCHER SCHLAFLOSIGKEIT.

Und gute Nacht: Insomnie trifft Frauen damit doppelt so oft wie Männer. Der Grund liegt in den unterschiedlichen Schlafzyklen: Frauen werden früher müde – allerdings auch früher wach. Da beide aber im partnerschaftlichen Zusammenleben oft gleichzeitig (später) schlafen gehen, bekommen Frauen so eben weniger Schlaf. Denn obwohl sie dann eigentlich 20 Minuten länger schlafen müsste, wacht sie von seinem Rumgepolter mit auf. So viel zum Beischlaf.

Quelle: mcgilltribune.com/sci-tech/girls-rule-boys-sleep-more-soundly-mcgill-professor-finds-hormonal-differences-affect-sleep-quality-599321/

Traurige Wahrheit 269

EIN BLICK IN DEN SPIEGEL MACHT FRAUEN TRAURIG.

Vier von fünf Frauen fühlen sich nach einem Blick in den Spiegel schlechter als vorher. Morgens. Mittags. Abends. Man sieht einfach nicht so aus, wie die Frauen in den Magazinen. Die sehen nämlich selber nicht so aus.

Quelle: Studie, *Glamour*, 2014

Traurige Wahrheit 270

JEDE ZWEITE FRAU IST UNGLÜCKLICH ÜBER IHREN KÖRPER.

Mit der Tendenz: schlimm und schlimmer. Denn immerhin sind das schon 20 Prozent mehr Unzufriedene als noch vor 30 Jahren. Statt mit Stars vergleichen wir uns heute auch mit unseren Freunden und Bekannten. Und die präsentieren uns auf Facebook und Instagram nur die schmeichelhaftesten Fotos – das beste Bild im besten Licht. Noch 20 Filter drüber. Fertig. Wir aber denken uns: Verdammt, die sehen alle so verflucht gut aus. Das macht Stress. Und sehr unzufrieden.

Quelle: Studie, *Glamour*, 2014

Traurige Wahrheit 271

FRAUEN FINDEN SICH IMMER ZU DICK.

Und zwar völlig unabhängig davon, ob diese Einschätzung auch nur irgendwie der Realität entspricht. Bei einer anonymen Umfrage gaben fast ein Drittel der Frauen an, übergewichtig zu sein. In der Tat waren es nur 21 Prozent. Sie lagen mit ihrem Selbsturteil zehnmal so oft daneben wie die männlichen Kollegen.

Quelle: Carol Emslie, «Perceptions of body image among working men and women», 2001

FRAUEN WEINEN 16 MONATE IM LEBEN.

Von der Geburt bis ins hohe Alter verbringen Frauen im Durchschnitt 12 000 Stunden mit Weinen. Hier die «Top»-Gründe – sortiert nach Lebensphasen:

Die TOP-5-Heulgründe im Alter von 0 bis 1 Jahr
1. Hunger
2. Müdigkeit
3. Wunsch nach Aufmerksamkeit
4. Nasse Windeln
5. Krankheitsgefühl

Die TOP-5-Heulgründe im Alter von 1 bis 3 Jahren
1. Verletzungen
2. Müdigkeit
3. Hinfallen
4. Etwas wollen
5. Ermahnungen

Die TOP-5-Heulgründe im Alter von 4 bis 12 Jahren
1. Ermahnung
2. Verletzungen
3. Müdigkeit
4. Krankheitsgefühl
5. Streit mit Freunden

Die TOP-5-Heulgründe im Alter von 13 bis 18 Jahren
1. Hormone
2. Streit mit Freunden
3. Verlassen werden

4. Hausarrest

5. Mobbing

Die TOP-5-Heulgründe im Alter von 19 bis 25 Jahren

1. Trauriger Film

2. Verlassen werden

3. Tod einer Person

4. Unentschlossenheit über eine Beziehung

5. Schwangerschaft

Die TOP-5-Heulgründe ab 26 Jahre

1. Trauriger Film

2. Trennung

3. Tod einer Person

4. Müdigkeit

5. Schlechte Nachrichten im Freundeskreis

Quelle: Umfrage TheBabyWebsite

Traurige Wahrheit 273

JEDE ZWEITE EHEFRAU WÜRDE IHREN MANN SOFORT VERLASSEN.
Wenn sie es sich finanziell nur leisten könnten, würde sich
59 Prozent der Frauen von ihrem Ehemann trennen. Die
Sorgen vor einer ungewissen Zukunft halten sie aber davon
ab.

Quelle: Umfrage ONEPoll

Traurige Wahrheit 274

DIE MEISTEN FRAUEN WÜRDEN SELBST IHRER BESTEN FREUNDIN DEN MANN AUSSPANNEN.

Genauer gesagt sind es drei von vier deutschen Frauen, die wohl keine Skrupel hätten, einer engen Freundin den Freund wegzunehmen. Mit einer Einschränkung immerhin: «Er muss es wert sein!» Aha.

Quelle: Umfrage GEWIS / Petra

Traurige Wahrheit 275

FRAUEN STEHEN AUF MÄNNER, DIE EIN GELÄNDETAUGLICHES AUTO FAHREN.

Tatsächlich steigt für sage und schreibe 34 Prozent der deutschen Frauen die Attraktivität eines Mannes, wenn besagter Herr einen SUV fährt.

Quelle: dpa

Traurige Wahrheit 276

15 PROZENT DER FRAUEN SCHICKEN SICH SELBST BLUMEN ZUM VALENTINSTAG.

In den USA. Trotzdem sogar bis weit über den Atlantik hin traurig.

Quelle: CBS Local, 2014

Traurige Wahrheit 277

DIE MENSTRUATION DAUERT VIER JAHRE.

Zusammengerechnet auf das ganze Leben. Gut, ein natürlicher Prozess und daher genau genommen ebenso wenig traurig wie ein Sonnenaufgang oder ein Giraffenhals. Trotzdem würden viele Frauen liebend gern drauf verzichten.

Quelle: Wikipedia

Traurige Wahrheit 278
JEDE DRITTE FRAU WÜRDE NIEMALS OHNE MAKE-UP DAS HAUS VERLASSEN.
Der größte Albtraum für einen großen Teil der Frauenwelt: aus dem Haus – un-ge-schminkt! Nicht mal zum Bäcker gehen, ihr Kind kurz zur Schule bringen oder den Müll runtertragen würden viele so. Im Durchschnitt prüfen Frauen übrigens neunmal am Tag ihr Aussehen.

Quelle: http://www.dailymail.co.uk/femail/article-2017264/One-women-leave-home-make-up.html#ixzz4MCqWZVIX

Traurige Wahrheit 279
KLEINERE FRAU = KÜRZERE SCHWANGERSCHAFT.
Dass kleine Mütter kleinere Kinder haben, kann man sich fast denken. Aber: Kleine Mütter haben auch die kürzeren Schwangerschaften und ein höheres Risiko für Frühgeburten.

Quelle: Center for Prevention of Preterm Birth, Cincinnati Children's Hospital Medical Center

Traurige Wahrheit 280
FRAUEN LEIDEN ÖFTER UNTER INKONTINENZ.
Es bleibt ihr nichts erspart: «Urinale Inkontinenz» betrifft ein Drittel der weiblichen Bevölkerung. Oft dann auch

noch in Kombination mit psychologischen und sexuellen Problemen.

Quelle: http://www.bbc.co.uk/programmes/p00v1279

Traurige Wahrheit 281

FAST ALLE FRAUEN TRAGEN EINE VÖLLIG FALSCHE BH-GRÖSSE.

Über 80 Prozent aller Frauen tragen den für ihre Physiognomie falschen Büstenhalter.

Quelle: Triumph Clothing

Traurige Wahrheit 282

JEDE ZEHNTE SCHWANGERE TRINKT.

Fast jede zehnte Frau weltweit trinkt in der Schwangerschaft Alkohol. In Deutschland sind es im Schnitt sogar 26 von hundert Frauen – also mehr als jede Vierte. Erfasst wurde hier jeglicher Alkoholkonsum von Schwangeren, egal in welcher Menge. Fälle, in denen die Frauen noch nicht von ihrer Schwangerschaft wussten, rechneten die Forscher aber wenn möglich heraus.

Da es keine verlässliche Grenze gibt, bis zu der Alkohol für den Embryo unproblematisch ist, wird Schwangeren empfohlen, vollständig darauf zu verzichten.

Quelle: Centre of Addiction and Mental Health, Toronto

Traurige Wahrheit 283

DIE KLISCHEES STIMMEN WIRKLICH.

Nur als Beispiel: Eine Frau besitzt im Leben 111 Handtaschen. Eine typische 30-jährige Frau hat 21 Handtaschen und kauft

eine weitere alle drei Monate – im Schnitt übrigens für jeweils 95 Euro. Viele Frauen kaufen gern mal Handtaschen
als Ergänzung zu einem bestimmten Outfit. Danach entsor-
gen sie sie natürlich nicht, sondern legen sie in den Schrank,
um sie irgendwann mal wieder zu benutzen. Irgendwann.

Quelle: http://www.dailymail.co.uk/news/article-478816/
Sienna-Miller-syndrome-Why-woman-owns-111-handbags-
lifetime.html#ixzz4MCpwTjZR

Traurige Wahrheit 284

25 000 EURO FÜR DIE SCHÖNHEIT

Keine aktuellen Zahlen aus der Kardashian-Villa, sondern
die durchschnittlichen Lebensausgaben einer Frau in
Deutschland für Kosmetik. Jährlich im Schnitt also rund
540 Euro. Auf Parfüm entfallen dabei rund 200 Euro.
Pflegende Kosmetik lässt man sich 181 Euro kosten, für
dekorative Kosmetik wie Lippenstift und Make-up geben
die Käuferinnen 156 Euro aus. Übrigens: Eine Frau isst fünf
Lippenstifte pro Jahr. So nach und nach.

Quelle: Kosmetikverband VKE

Traurige Wahrheit 285

ALLE SHOPAHOLICS!

40 von hundert Frauen können keinen Shoppingbummel
machen, ohne zumindest einen Make-up-Artikel zu kaufen.

Quelle: Studie NewCastle

Traurige Wahrheit 286

70 PROZENT ALLER ANTIDEPRESSIVA WERDEN FRAUEN VERSCHRIEBEN.

Depressionskrankheiten betreffen Frauen zweimal häufiger als Männer. Für junge Frauen stellen sie das größte psychische Gesundheitsrisiko dar – insbesondere für Frauen im gebärfähigen Alter.

Quelle: Research Agenda for Psychosocial and Behavioral Factors in Women's Health/WHO

Traurige Wahrheit 287

19 DER 20 REICHSTEN FRAUEN DER WELT HABEN ALLES NUR GEERBT.

Von ihrem Vater oder ihrem Mann. Die Glücklichen, kann man jetzt sagen, allerdings eher ein deutliches Zeichen dafür, dass Frauen bislang komplett chancenlos waren, sich selbst in die Superreichen-Szene vorzuarbeiten.

Quelle: http://www.forbes.com/2011/03/08/worlds-richest-women-billionaires_slide.html

Traurige Wahrheit 288

FRAUEN HABEN MEHR ALBTRÄUME.

Und zwar deutlich mehr als Männer. Generell träumen Frauen emotionaler und aufwühlender. Fast jede dritte Frau erlebt regelmäßig echte Albträume, die sie bisweilen aus dem Schlaf schrecken lassen.

Quelle: Jennifer Parker, «Dreams and Nightmares: A Guide to Interpreting What Your Mind is Trying to Tell You While Your Body Sleeps», 2010

JE TIEFER DER AUSSCHNITT, DESTO MEHR BEWERBUNGS-GESPRÄCHE.

Eine Frau wird im Schnitt 19-mal häufiger zu einem Vorstellungsgespräch eingeladen, wenn sie auf ihrem Bewerbungsfoto ein weitausgeschnittenes anstatt eines hochgeschlossenen Oberteils trägt.

Quelle: phys.org/news/2016–06-low-cut-boost-women-job-application.html

FRAUEN WERDEN IMMER TRAURIGER.

Statistiker nennen es das «Paradox des abnehmenden weiblichen Glücks»: Trotz besserer Bildung und gesundheitlicher Versorgung, trotz Fortschritten bei der Gleichberechtigung, trotz gesteigerter Chancen in der Politik und auf dem Arbeitsmarkt sinkt das Glücksempfinden der Frauen kontinuierlich. Frauen sind heutzutage signifikant unglücklicher mit ihrem Leben als vor 40 Jahren – und der Trend zeigt weiter nach unten.

Quelle: U. S. General Social Survey

9. KOMM SCHON!

DIE GANZE WAHRHEIT ÜBER SEX

«Man könnte auch einem Wasserkocher eine blonde Perücke aufsetzen – irgendein Typ würde versuchen, damit rumzumachen.»

– Tina Fey

Warum eigentlich Sex? Was in den allermeisten Liebesromanen nie so direkt das ganz große Thema ist: Sex dient dem Durchmixen der Gene beider Sexteilnehmer. Nicht untereinander, sondern beim Produkt des Sex, dem Nachwuchs. Die Vereinigung von Eizelle und Sperma sorgt dafür, dass das menschliche Genom in immer wieder neuen Variationen zusammengesetzt werden kann. Diese Vielfalt schützt uns als Art einerseits vor Krankheiten, die uns ansonsten allesamt auf einen Schlag träfen und auf Nimmerwiedersehen von unser aller Lieblingsplaneten hier vertrieben. Andererseits ermöglichen diese stets neuen Kombinationen dem Leben, sich schneller an veränderte Bedingungen anzupassen und die nimmermüde Evolution weiter am Laufen zu halten. So haben wir es von unseren Vorfahren geerbt. Und die von ihren. Und deshalb sind wir alle hier. Auch die Leute in den Liebesromanen. Sie sehen: Romatik pur.

Dass wir den Sex dabei dann auch (zumindest teilweise) als angenehm empfinden, ist ein weiterer ebenso billiger wie durchschaubarer Trick der Natur. In deren Sinne ist es schließlich, dass wir den Geschlechtsakt möglichst oft wiederholen, um eben möglichst oft zum Fortpflanzungserfolg zu kommen – sprich viele kleine Nachkommen zeugen.

Die Crux ist: Der dahinterstehende Geschlechtstrieb funktioniert völlig unabhängig von der biologischen Fortpflanzung. Er gleicht eher dem Hunger und dem Durst und hat das Potenzial, uns alle wahnsinnig zu machen. Keine gute Sache. Hätte man aber auch gleich wissen können. Geschlechtsverkehr – allein schon das Wort. Jetzt gucken Sie mal: GeSCHLECHTsverkehr.

Zufall? Schauen wir mal:

Traurige Wahrheit 291

ES DAUERT SAGENHAFTE 5 MINUTEN UND 24 SEKUNDEN.

Im Durchschnitt dauerte der Akt gute fünfeinhalb Minuten – vom Eindringen des Penis in die Scheide bis hin zum Samenerguss. Übrigens völlig unerheblich, ob mit oder ohne Kondom, ob mit oder ohne Vorhaut. Lediglich das Alter spielte eine kleine Rolle: 18- bis 30-Jährige kommen auf stolze 6,5 Minuten, Paare (oder Männer?) jenseits der 50 sind schon nach 4,3 Minuten mit allem durch.

Quelle: Marcel Waldinger, «A Multinational Population Survey of Intravaginal Ejaculation Latency Time», 2005

Traurige Wahrheit 292

DER ORGASMUS IST DANN ZIEMLICH KURZ.

Der in diesen 5 Minuten und 24 Sekunden herbeigeschaukelte Orgasmus dauert beim Mann abschließend durchschnittliche vier Sekunden, bei der Frau sind es 15 Sekunden.

Quelle: http://www.express.de/3643394

Traurige Wahrheit 293

GANZE 2,25-MAL WECHSELT DAS PAAR DABEI DIE STELLUNG.

Von wegen Kamasutra: Bummelige zwei Stellungswechsel umfasst so eine heiße, wilde Nacht hierzulande. Das komplette Erotik-Repertoire eines deutschen Liebespaares besteht aus durchschnittlich 4,8 unterschiedlichen Stellungen.

Quelle: http://www.express.de/3643394

Traurige Wahrheit 294

EIN DRITTEL DER FRAUEN HAT BEIM SEX SCHMERZEN.

30 Prozent aller Frauen zwischen 18 und 59 geben an, beim letzten Mal Sex Schmerzen gehabt zu haben. Im Vergleich zu 5 Prozent aller Männer. Neben chronischen genitalen Schmerzen leiden Frauen meistens unter Kontaktschmerzen am Gebärmutterhals, unter Reibungsschmerzen infolge mangelnder vaginaler Feuchtigkeit und nicht zuletzt unter Schmerzen als Folge sexueller Gewalt.

Quelle: American National Survey of Sexual Health and Behavior, 2011

Traurige Wahrhei 295

VIER PROZENT ALLER FRAUEN SPIELEN IHREM PARTNER JEDES MAL EINEN ORGASMUS VOR.

Also immer.

Quelle: Female Nation Survey 2006

MÄNNER WERDEN DANACH SEHR MÜDE …

Auch das Klischee stimmt. Weil: Bei Männern werden noch während des Orgasmus die Hormone Prolaktin und Oxytocin freigesetzt, die nach dem Sex für schnelle Entspannung und große Müdigkeit sorgen. Und gute Nacht, der Herr.

Quelle: Wikipedia

Traurige Wahrheit 297

… WÄHREND FRAUEN INS GRÜBELN KOMMEN.

Frauen hingegen liegen nach dem Sex gern noch ein wenig wach und denken nach. Verstärkt über die Beziehung. Viele Frauen haben bereits während des Sex den Kopf voll. Sie fragen sich meist, ob das nun alles schon zur reinen Routine gehört oder ob noch wahre Leidenschaft im Spiel ist.

Quelle: http://sciencenordic.com/why-you-have-negative-feelings-after-sex

Traurige Wahrheit 298

FÜR DIE HÄLFTE ALLER MÄNNER UND FRAUEN IST DER ERSTE SEX EIN REINFALL.

Die erste Liebesnacht läuft selten gut. Fast jeder zweite Mann und 55 Prozent aller Frauen nennen ihren ersten Sex: einen Flop. Wundervoll finden ihn überhaupt nur elf Prozent der Frauen. Während Männer da wohl weniger Erwartungen haben, denn immerhin 29 Prozent bewerten ihre Premiere im Bett als gelungen. Und das obwohl fast zwei Drittel der Frauen ihre erste Liebesnacht im Voraus planen. Männer verlieren ihre Unschuld häufiger spontan: Für 48 Prozent ergibt sich das erste Mal einigermaßen unverhofft.

Quelle: focus.de/gesundheit/news/sex-umfrage_aid_94409.html

Traurige Wahrheit 299

WIR DENKEN BEIM SEX OFT NICHT AN SEX.

92 Prozent der Befragten denken bei Sex immer wieder an Nichterotisches. Frauen machen sich Gedanken über ihre Figur. Männer über Büroprobleme; sie beschäftigt außerdem die Sorge, nicht zu früh zu ejakulieren.

Quelle: C. Purdon, C. Holdaway, «Nonerotic thoughts: Content and relation to sexual functioning and sexual satisfaction», 2005

Traurige Wahrheit 300

FAST JEDE/R ZWEITE DENKT BEIM SEX AN JEMANDEN ANDERES.

In einer Studie gaben 46 Prozent der befragten Frauen an, beim Sex nicht an den Bettpartner, sondern an einen engen Freund oder einen Arbeitskollegen zu denken. Bei Männern sind es zwar weniger, aber immer noch 42 Prozent.

Quelle: Lovehoney

Traurige Wahrheit 301

DER SEX IN DER EHE WIRD WENIGER.

Früher war alles wilder: In den neunziger Jahren hatten die Menschen im Schnitt 9 Male öfter Sex pro Jahr. Verheiratete haben heute sogar 16 Male weniger Sex als Ehepaare vor zwanzig Jahren.

Quelle: theguardian.com/lifeandstyle/2017/mar/07/adults-are-having-less-sex-than-20-years-ago-finds-study

Traurige Wahrheit 302
ERREGUNG VERRINGERT DEN EKEL.
Mit steigender sexueller Erregung sinkt der Ekel – egal ob vor Bildern, Geräuschen oder Gerüchen. Zugleich nimmt das Gefühl der Angst ab.

Quelle: Richard Stevenson, «Effect of self-reported sexual arousal on responses to sex-related and non-sex-related disgust cues», 2011

Traurige Wahrheit 303
MÄNNER HABEN KEINE AHNUNG.
Nur 44 Prozent der Männer geben an, dass sie die sexuellen Wünsche ihrer Partnerin wirklich kennen. Bei den Frauen waren sogar volle zwei Drittel total ratlos.

Quelle: Studie Institut für Psychologie der Universität Göttingen

Traurige Wahrheit 304
SEXUELLE WÜNSCHE WERDEN NICHT WAHR.
Wenn also keiner nichts Genaues weiß, dann ist das hier auch kein Wunder: Nur 35 Prozent der sexuellen Wünsche der Männer und «immerhin» 44 Prozent der Phantasien der Frauen werden erfüllt.

Quelle: Institut für Psychologie, Universität Göttingen

Traurige Wahrheit 305

FRÜHER WAREN SIE ALLE BESSER.

Neun von zehn Männern geben an, eine ihrer ehemaligen Partnerinnen immer noch attraktiver zu finden als ihre aktuelle.

Quelle: Umfrage des Lifestylemagazins *Woman's Health*

Traurige Wahrheit 306

LIEBER SCHOKOLADE ALS SEX.

Völlig vernascht: 40 Prozent der Frauen würden lieber jeden zweiten Tag Schokolade essen, als Sex zu haben. 13 Prozent würden sogar jedes Mal Schokolade dem Sex vorziehen.

Quelle: derstandard.at/1271375875705/Umfrage-Schokolade-statt-Sex

Traurige Wahrheit 307

DIE MEISTEN MÄNNER WÜRDEN EINEN SEX-ROBOTER BEVORZUGEN.

71,3 Prozent der Männer könnten sich vorstellen, ihre Frau beim Sex durch einen Roboter zu ersetzen. Natürlich mit einer Einschränkung: Der Sex muss besser sein. Frauen sind da nicht so. Also, nicht ganz so: Von ihnen würden nur 49,3 Prozent darüber nachdenken.

Quelle: Umfrage Forktip 2017

Traurige Wahrheit 308

ES GIBT KEINEN GUTEN ZEITPUNKT.

Frauen sind eher abends für Sex bereit, Männer haben vor allem morgens Lust. Früh am Tag steigt ihr Testosteronspiegel um 30 Prozent.

Quelle: http://www.express.de/3643394

Traurige Wahrheit 309

WIR SIND DIE SCHLECHTESTEN LIEBHABER DER WELT.

Weltmeister! Einer internationalen Umfrage zufolge sind die Deutschen die schlechtesten Liebhaber der Welt. Der Grund: Sie denken im Bett nur an ihren eigenen Spaß. Ebenfalls unten mit dabei: die Schweden (häufigstes Argument: «zu schnell»), die Holländer («zu ruppig»), die US-Amerikaner («zu dominant»), die Engländer («zu dick») und die Russen («zu haarig»).

Quelle: One Poll

Traurige Wahrheit 310

WIR GEHEN ORDENTLICH RAN. UND ZWAR ANS TELEFON!

17 Prozent der Frauen und zehn Prozent der deutschen Männer unterbrechen den Sex, sobald das Telefon klingelt. Die meisten nehmen die Anrufe sogar an.

Quelle: http://www.express.de/3643394

GANZE 14 ZENTIMETER UND 3 MILLIMETER.

Auch wenn alle, Männer, etwas anderes sagen: Der deutsche Penis ist durchschnittlich 14,3 Zentimeter lang.

Quelle: DUREX-Studie

ABER ES WIRD IMMER GELOGEN.

Guck an: Bedeutend größer wird er, der Penis, nämlich dann, wenn nicht vom Experten im Labor nachgemessen wird, sondern wenn die Herren selbst befragt werden. Nach deren Selbstauskunft liegt die Durchschnittslänge dann bei gutgemeinten 16,1 Zentimetern.

Tja, wer hat denn jetzt bloß recht?

Quelle: DUREX-Studie

MÄNNER HABEN EWIGE SEHNSUCHT.

Der durchschnittliche Mann sieht fünf Frauen am Tag, mit denen er schlafen möchte. Mit ziemlich genau null davon schläft er dann allerdings.

Quelle: http://www.express.de/3643394

DAS SCHLIMMSTE SIND DIE GERÄUSCHE.

Was mögen Frauen beim Sex mit Männern am wenigsten? Hier die Top- bzw. Flop-Antworten:

1. «Wenn er komische Geräusche macht!»
2. «Ein viel zu kleiner Penis!»
3. «Es geht viel zu schnell!»
4. «Zu viele Stellungswechsel!»

Quelle: Forktip Studie, 2017

Traurige Wahrheit 315

FAST JEDER ZEHNTE CHECKT SEIN HANDY. WÄHREND (!) DES SEX.

In einer aktuellen amerikanischen Befragung von 2000 Erwachsenen gaben 9 Prozent an, während des Liebesakts auf ihr Handy zu schauen. In der Gruppe der 18- bis 34-Jährigen waren es sogar fast 20 Prozent. Warum die Menschen auf ihr Handy schauen, wurde leider – oder zum Glück? – nicht gefragt.

36 Prozent der Befragten unter 35 gelingt es, tapfer durchzuhalten – sie checken erst direkt danach als Erstes ihre Timelines bei Facebook und Co.

Quelle: Harris Interactive / JUMIO

Traurige Wahrheit 316

NUR SIEBEN PROZENT DER FRAUEN KOMMEN BEIM SEX IMMER ZUM HÖHEPUNKT.

Das heißt dann wohl: 93 Prozent nicht. Fast ein Drittel der Frauen können durch vaginale Penetration allein überhaupt nicht zum Orgasmus kommen.

Quelle: National Health And Social Life Survey

Traurige Wahrheit 317

75 MILLIONEN MENSCHEN BESUCHEN TÄGLICH PORNOSEITEN.

Und das sind nur die Zahlen für das Portal Pornhub.

Quelle: Pornhub 10th Anniversary Survey 2017

Traurige Wahrheit 318

EIN DRITTEL ALLER FRAUEN ERLEBT BEIM SEX MIT IHREM PARTNER NIEMALS EINEN ORGASMUS.

Quelle: GeWis

Traurige Wahrheit 319

6,7 MILLIONEN DEUTSCHE MÄNNER LEIDEN UNTER EREKTIONS-STÖRUNGEN.

Und nur schlappe 15 Prozent davon sind deswegen in Behandlung.

Quelle: http://www.berliner-kurier.de/16863764

Traurige Wahrheit 320

LUST IST NUR EIN GUTER VON SEHR VIELEN SCHLECHTEN GRÜNDEN, SEX ZU HABEN.

Jetzt fragt man sich natürlich langsam, warum Menschen überhaupt noch Sex haben. Na, warum wohl? Weil sie sich so unglaublich zum anderen hingezogen fühlen und ihr oder ihm unendlich und leidenschaftlich nahe sein wollen, oder?

Ja, das ist eine Antwort. Allerdings eine Antwort von sehr, sehr vielen.

In einer Studie der Universität von Texas befragte man

Studenten nach den Beweggründen für ihr jüngst zurück-
liegendes Mal. Hier alle traurigen Antworten:

1. Es war «die Hitze des Augenblicks».
2. Es ist einfach so passiert.
3. Mir war langweilig.
4. Es kam mir zwingend vor.
5. Jemand hat mich dazu getrieben.
6. Ich wollte mich jemandem näher fühlen.
7. Ich wollte mich Gott näher fühlen.
8. Ich wollte von Freunden akzeptiert werden.
9. Es fühlte sich aufregend an.
10. Ich wollte mich versöhnen.
11. Ich wollte die Aggression loswerden.
12. Ich war auf Drogen.
13. Ich wollte meinen Freunden etwas erzählen können.
14. Ich wollte meine Liebe irgendwie ausdrücken.
15. Ich wollte körperliche Lust spüren.
16. Ich wollte der anderen Person meine Zuneigung zeigen.
17. Ich glaubte, ich wäre es der Person schuldig.
18. Ich fühlte mich zu der anderen Person hingezogen.
19. Ich war sexuell erregt und wollte Befriedigung.
20. Alle meine Freunde haben Sex, und ich wollte
    dazugehören.
21. Es fühlt sich gut an.
22. Mein Partner hat darauf bestanden.
23. Die Person war berühmt, und ich wollte damit angeben.
24. Ich wurde dazu körperlich genötigt.
25. Ich wurde verbal dazu genötigt.
26. Ich wollte, dass die Person mich liebt.
27. Ich wollte ein Kind.

28. Ich wollte jemand eifersüchtig machen.

29. Ich wollte mehr Sex haben als meine Freunde.

30. Ich war verheiratet, und das gehört dazu.

31. Ich wollte keine Jungfrau mehr sein.

32. Ich war notgeil.

33. Ich wollte mich geliebt fühlen.

34. Ich fühlte mich einsam.

35. Alle anderen hatten auch Sex.

36. Ich wollte Aufmerksamkeit.

37. Ich konnte nicht mittendrin aufhören.

38. Ich wollte mir sicher sein, dass die Beziehung ernsthaft ist.

39. Es war ein Wettbewerb mit einer anderen Person.

40. Ich wollte Kontrolle über diese Person.

41. Ich war neugierig, wie die/der andere im Bett sein würde.

42. Ich war neugierig auf Sex.

43. Ich wollte mich attraktiv fühlen.

44. Ich wollte meinen Partner befriedigen.

45. Ich wollte Unterwürfigkeit zeigen.

46. Ich wollte Stress abbauen.

47. Ich konnte nicht «Nein» sagen.

48. Ich hatte das Gefühl, es wäre meine Pflicht.

49. Ich wollte die Beziehung beenden.

50. Meine Freunde haben Druck auf mich ausgeübt.

51. Ich wollte das Abenteuer erleben.

52. Ich wollte die Erfahrung machen.

53. Ich fühlte mich verpflichtet.

54. Es macht Spaß.

55. Ich wollte Rache.

56. Ich wollte beliebt sein.

57. Ich wollte Geschenke.

58. Ich wollte meine Phantasie ausleben.

59. Ich wollte mal wieder Sex haben.

60. Die Person war gerade frei.

61. Ich wollte die Person nicht verlieren.

62. Ich wollte den Partner an mich binden.

63. Ich wollte jemanden eifersüchtig machen.

64. Die Person tat mir leid.

65. Ich wollte mich mächtig fühlen.

66. Ich wollte die Person besitzen.

67. Ich wollte Spannung abbauen.

68. Ich wollte mich gut fühlen.

69. Ich hab mich unter das Volk gemischt.

70. Ich fühlte mich rebellisch.

71. Ich wollte die Beziehung intensivieren.

72. Es kam mir vor wie der nächste natürliche Schritt.

73. Ich wollte nett sein.

74. Ich wollte mit der Person verbunden sein.

75. Ich wollte mich jung fühlen.

76. Ich wollte die Person manipulieren.

77. Ich wollte, dass das Bitten nach Sex aufhört.

78. Ich wollte die Gefühle der Person verletzen.

79. Ich wollte, dass die Person sich gut fühlt.

80. Ich wollte die Person nicht enttäuschen.

81. Ich wollte über eine vorherige Beziehung hinwegkommen.

82. Ich wollte meine sexuelle Orientierung bestätigt wissen.

83. Ich wollte neue Sexpraktiken ausprobieren.

84. Ich fühlte mich schuldig.

85. Meine Hormone waren außer Kontrolle.

86. Es war die einzige Möglichkeit, mit meinem Partner Zeit zu verbringen.
87. Es war Gewohnheit.
88. Ich wollte meinen Partner bei Laune halten.
89. Ich hatte keine Selbstkontrolle.
90. Ich wollte auf einer tieferen Ebene kommunizieren.
91. Ich hatte Angst, dass mein Partner ansonsten eine Affäre beginnt.
92. Ich war neugierig auf meine sexuellen Fähigkeiten.
93. Ich wollte ein spirituelles Erlebnis.
94. Es war Teil unsere Beziehungsroutine.
95. Ich wollte meine Hemmungen loswerden.
96. Ich habe mich hinreißen lassen.
97. Ich wollte etwas auf der Liste abhaken.
98. Die Person hat es verlangt.
99. Die Möglichkeit war da.
100. Ich wollte wissen, wie sich Sex auf Drogen anfühlt.
101. Ich wollte ein Tabu brechen.
102. Ich wollte mehr Sexpartner haben.
103. Die Person war einfach zu «heiß».
104. Ich dachte, es würde mich entspannen.
105. Ich dachte, ich würde mich dann gesünder fühlen.
106. Ich wollte experimentieren.
107. Ich wollte wissen, wie es ist, mit jemandem Sex zu haben.
108. Ich hoffte, es würde mir beim Einschlafen helfen.
109. Ich wollte vor anderen mit meiner sexuellen Erfahrung prahlen.
110. Ich wollte den Kopf wieder freihaben für andere Dinge.
111. Ich wollte den Trieb meines Partners reduzieren.
112. Ich wollte meine Reputation nicht zerstören.

113. Ich konnte der Person körperlich nicht widerstehen.

114. Ich wollte etwas feiern.

115. Ich wurde verführt.

116. Ich wollte, dass die Person sich besser fühlt.

117. Ich wollte den emotionalen Zusammenhalt zwischen uns stärken.

118. Ich wollte wissen, ob sich Sex mit einem anderen Partner anders anfühlt.

119. Ich war wütend auf meinen Partner und hatte Sex mit jemand anderes.

120. Ich wollte ein Versprechen erfüllen.

121. Es wurde von mir erwartet.

122. Ich wollte nicht, dass mein Partner sich jemand anders sucht.

123. Ich wollte einfach nur die pure Lust erleben.

124. Ich wollte die andere Person dominieren.

125. Ich wollte eine Eroberung machen.

126. Ich bin süchtig nach Sex.

127. Ich wollte jemandem einen Gefallen tun.

128. Ich wollte mich benutzt fühlen.

129. Ich bekam Geld dafür.

130. Ich war betrunken.

131. Es war eine gute Übung.

132. Ich wurde dazu gedrängt.

133. Die Person hat mir dafür Drogen angeboten.

134. Ich war frustriert.

135. Die Situation war so romantisch.

136. Ich fühlte mich unsicher.

137. Meine Beziehung war langweilig, ich wollte etwas anderes erleben.

138. Ich wollte in die Beziehung zurück.

139. Ich wollte mein Selbstvertrauen verbessern.

140. Ich wollte, dass mein Partner mit mir zusammenbleibt.

141. Es war eine Wette.

142. Es war ein besonderer Anlass.

143. Ich wollte von jemandem einen Gefallen.

144. Mein Partner ist fremdgegangen, und ich wollte «Gleichstand».

145. Ich wollte mein Ansehen verbessern.

146. Ich wollte mich aufwärmen.

147. Ich wollte mich bestrafen.

148. Ich wollte eine Beziehung auseinanderbringen.

149. Ich wollte, dass mein Partner Ruhe gibt.

150. Ich wollte jemanden beeindrucken.

151. Ich wollte einen Orgasmus haben.

152. Ich wollte mit meinen Eroberungen angeben.

153. Ich wollte meine sexuellen Fähigkeiten verbessern.

154. Ich wollte einen Job.

155. Ich wollte eine Gehaltserhöhung.

156. Ich wollte eine Beförderung.

157. Ich hatte einen inneren Zwang.

158. Ich wollte Geld verdienen.

159. Ich wollte meinen Partner befriedigen.

160. Ich wollte das Thema der Unterhaltung wechseln.

161. Ich wollte eine ungeliebte Tätigkeit nicht machen.

162. Ich wollte sehen, ob wir zusammenpassen.

163. Ich wollte, dass mein Partner seine Liebe ausdrückt.

164. Ich wollte die Leidenschaft zurück in die Beziehung bringen.

165. Ich wollte dem Schlussmachen zuvorkommen.

166. Ich wollte mit der anderen Person eins werden.

167. Ich wollte, dass mir mein Partner einen Wunsch erfüllt.

168. Ich wollte schlussmachen.

169. Ich wollte jemanden mit einer Krankheit anstecken.

170. Ich wollte eine andere Beziehung ruinieren.

171. Ich wollte nicht die Gefühle der Person verletzen.

172. Ich wollte mich mit mir versöhnen.

173. Ich wollte Kopfschmerzen loswerden.

174. Ich hatte Angst vor Konsequenzen.

175. Ich wollte nicht, dass mein Partner wegläuft.

176. Ich wollte Kalorien verbrennen.

177. Ich wollte gleichauf mit meinem Partner sein.

178. Ich wollte einen Feind verletzen.

179. Ich wollte mich älter fühlen.

180. Ich wollte stolz auf mich sein.

181. Es war ein Aufnahmeritual.

182. Ich wollte mich besser auf die Arbeit konzentrieren können.

183. Ich wollte sagen: «Ich hab dich vermisst!»

184. Ich wollte einen Geburtstag/ein Jubiläum feiern.

185. Ich wollte mich entschuldigen.

186. Ich wollte einen Gefallen zurückgeben.

187. Ich wollte «Danke schön» sagen.

188. Ich wollte jemandem «Willkommen zurück» sagen.

189. Ich wollte «Auf Wiedersehen» sagen.

190. Ich wollte mich meinen Eltern widersetzen.

191. Ich wollte etwas gegen meine Menstruationskrämpfe machen.

192. Ich wollte keine «dicken Eier» haben.

193. Ich wollte das Leben in vollen Zügen genießen.

194. Ich wollte mich weiblich fühlen.

195. Ich wollte mich männlich fühlen.

196. Ich bin süchtig nach Sex.

197. Ich wollte wissen, wovon alle immer reden.

198. Ich wollte meinen sozialen Status heben.

199. Die andere Person war reich.

200. Die andere Person sah gut aus.

201. Die Person konnte gut tanzen.

202. Jemand sagte mir, die andere Person wäre gut im Bett.

203. Er/Sie hatte so schöne Augen.

204. Ich fühlte mich durch ihn/sie sexy.

205. Ein erotischer Film hat mich erregt.

206. Ich wurde zu einem teuren Diner ausgeführt.

207. Er/Sie konnte gut küssen.

208. Ich bekam Schmuck.

209. Er/Sie war sehr humorvoll.

210. Die Person wirkte sehr selbstsicher.

211. Die Person hat mich begehrt.

212. Andere haben die Person begehrt.

213. Ich wollte einem Freund/einer Freundin der Person näherkommen.

214. Ich fühlte mich betrogen.

215. Die Person hat mir Komplimente gemacht.

216. Ich wollte herausfinden, ob ich ihn/sie ins Bett bekomme.

217. Der Körper der Person gefiel mir.

218. Ich hatte lange keinen Sex mehr.

219. Die Person roch gut.

220. Die Person hatte ein hübsches Gesicht.

221. Ich sah ihn/sie nackt und konnte nicht mehr widerstehen.

222. Ein erotisches Gespräch hat mich angemacht.

223. Er/Sie war sehr intelligent.

224. Er/Sie hat mit mir geknutscht.

225. Er/Sie trug aufreizende Kleidung.

226. Die Person war betrunken.

227. Die Person wäre normalerweise «nicht im meiner Klasse» gewesen.

228. Er/Sie wirkte mysteriös.

229. Ich war plötzlich verliebt.

230. Ich wollte meine anderen Probleme vergessen.

231. Ich wollte mich vermehren.

232. Ich wollte mich geliebt fühlen.

233. Ich wollte, dass mein Partner mich beachtet.

234. Ich wollte, dass mein Partner ihre/seine Probleme vergisst.

235. Ich wollte meinen Partner aufmuntern.

236. Ich wollte mich meinem Partner unterwerfen.

237. Ich wollte, dass mein Partner sich überlegen fühlt.

Quelle: Studie, University of Texas, 2007, Archives of Sexual Behavior

Traurige Wahrheit 321

LIEBER ANZIEHEN ALS AUSZIEHEN.

Frage: Wie lange würden Frauen auf Sex verzichten, wenn sie stattdessen einen Schrank voll neuer Kleider bekämen?
Antwort: Mehr als die Hälfte entschieden sich für 15 Monate. Zwei Prozent wären sogar zu drei sexlosen Jahren bereit.

Quelle: Unilever

Traurige Wahrheit 322

LIEBER HOSEN AN ALS HOSEN AUS.

29 Prozent der Frauen finden das Erlebnis, wieder in eine vormals zu enge Hose zu passen, deutlich befriedigender als Sex.

Quelle: Kelloggs-Studie 2009

Traurige Wahrheit 323

HAUPTSACHE, IN DER KISTE IST WAS LOS.

Menschen mit Fernseher im Schlafzimmer haben 50 Prozent weniger Sex als TV-lose Paare.

Quelle: www.focus.de/gesundheit/ratgeber/sexualitaet/fernsehen-im-bett_aid_103809.html

Traurige Wahrheit 324

GEFÜHLT ZU HÄSSLICH FÜR SEX.

Fast jede vierte Frau hat schon einmal auf Sex verzichtet, weil sie ihren Körper nicht attraktiv genug fand.

Quelle: http://www.express.de/3643394

Traurige Wahrheit 325

AUGEN ZU UND DURCH.

Etwa 92 Prozent der Frauen schließen beim Küssen die Augen.

Quelle: http://www.express.de/3643394

Traurige Wahrheit 326

MEHR ALS DIE HÄLFTE ALLER MÄNNER LEGEN AUF KÜSSE BEIM SEX KEINERLEI WERT.

Quelle: http://www.mopo.de/20335240

Traurige Wahrheit 327

FRAUEN KENNEN IHREN KÖRPER RECHT SCHLECHT.
Nur zwei Drittel aller jungen Frauen wissen angeblich, wann ihre fruchtbaren Tage sind. Und von denen liegt auch noch jede Dritte falsch.

Quelle: Studie, Bundeszentrale für gesundheitliche Aufklärung

Traurige Wahrheit 328

PORNOGRAPHIE MACHT ALLES NOCH ÖDER.
Wer regelmäßig Pornos guckt, findet seinen Sexualpartner im echten Leben weniger attraktiv – ganz egal, wie gut er in Wirklichkeit aussieht.

Quelle: Dolf Zillmann, Jennings Bryant, «Pornography's Impact on Sexual Satisfaction», 1988

Traurige Wahrheit 329

SEXUELLE VERWEIGERUNG ALS DRUCKMITTEL.
35 Prozent der Frauen und 14 Prozent der Männer meinen, Sex-Entzug sei manchmal die einzige Möglichkeit, den anderen mal richtig zum Nachdenken zu bringen.

Quelle: Freundin

Traurige Wahrheit 330
LOS JETZT, ZIEH DICH AN!
88 Prozent aller Frauen finden eine nackte Männerbrust nicht besonders erotisierend.

Quelle: TNS-Emnid/Lisa

Traurige Wahrheit 331
79 PROZENT DER DEUTSCHEN IST ES UNANGENEHM, ÜBER SEX ZU REDEN.

*Quelle: Emotion-*Magazin

Traurige Wahrheit 332
SELBST IST DER MANN.
Im Durchschnitt masturbiert ein Mann zwölfmal im Monat. Vier von zehn Männern masturbieren jeden Tag.

Quelle: DUREX Studie

Traurige Wahrheit 333
JEDER ZEHNTE MANN WÜRDE SOFORT AUF SEX VERZICHTEN …
… wenn er dafür nie wieder arbeiten müsste. Sagen sie zumindest.

Quelle: www.bz-berlin.de/artikel-archiv/wuerden-sie-auf-sex-verzichten-wenn-sie-nie-wieder-arbeiten-muessten

Traurige Wahrheit 334
SCHULD IST IMMER DER ANDERE.
Wenn in der Beziehung sexuelle Flaute herrscht, haben beide Seiten dafür eine ganz klare Erklärung: Die Mehrheit der Frauen glaubt, er hat keine Lust mehr. Die Mehrheit der Männer glaubt, sie hat keine Lust mehr.

Quelle: FürSie

Traurige Wahrheit 335
FRAUEN, DIE EINEN ORGASMUS VORTÄUSCHEN, GEHEN EHER FREMD.
Frage ist nur: Merkt er es?

Quelle: www.bz-berlin.de/artikel-archiv/wenn-frauen-den-orgasmus-vortaeuschen

Traurige Wahrheit 336
ÜBER ONE-NIGHT-STANDS
One-Night-Stands. Yeah! Yeah! YEAH! Hui, wie aufregend. Zwei Menschen. Eine Bar. Die Blicke. Das Knistern. Die Hingabe. Die ganze Nacht. Das nennt man Leidenschaft.
Nun, nicht wirklich. Gehen wir doch mal mit ein paar Fakten aus Psychologie, Anthropologie und Evolutionsbiologie ins Bett und gucken, ob wir noch in Stimmung kommen.

1. Traurige Menschen haben mehr One-Night-Stands.
Wer als Jugendlicher unter Depressionen und Selbstmordgedanken litt, hat als junger Erwachsener öfter Sex mit wechselnden Partnern. Das zeigte eine Studie unter 10 000 College-Studenten. One-Night-Stands werden außerdem

weniger mit Spaß als vielmehr mit psychischem Stress assoziiert.

Quelle: Melina Bersami, «Risky Business: Is There an Association between Casual Sex and Mental Health among Emerging Adults?», 2008

2. Frauen kommen bei One-Night-Stands seltener zum Orgasmus.
Besonders für Frauen ist ein One-Night-Stand oft unbefriedigend. Sie erreichen bei flüchtigem Sex viel seltener einen Höhepunkt als mit einem festen Partner.
Männer achten beim One-Night-Stand nicht besonders auf die Bedürfnisse der Sexpartnerin. Diese wiederum trauen sich immer noch recht wenig, ihre Bedürfnisse auch wirklich zu äußern.

Quelle: www.huffingtonpost.de/2014/06/18/one-night-stand-wissenschaft_n_5506113.html

3. Nicht ganz richtig im Kopf
Der Dopamin-Rezeptor D4 ist größtenteils mitschuldig an promiskuitivem Verhalten. Menschen mit einem hohen Dopamin-Level sind auf der Suche nach Befriedigung generell risikofreudiger. Sie laufen der Befriedigung allerdings immer nur hinterher.

Quelle: Garcia MacKillop, «Associations between Dopamine D4 Receptor Gene Variation with Both Infidelity and Sexual Promiscuity», 2010

4. Piepsstimmen haben mehr One-Night-Stands.
Männer wählen für unverbindlichen Sex bevorzugt Frauen mit hohen Stimmen. Die Piepsdamen werden unter-

schwellig als jünger, gesünder und fruchtbarer wahrgenommen.

Quelle: www.welt.de/wissenschaft/article10261581/Piepsstimmen-verleiten-gern-mal-zum-One-Night-Stand.html

5. Männer sind wenig wählerisch.
Wenig überraschend, aber trotzdem erforscht: Im Rahmen einer englischen Studie sollten Studenten entscheiden, wie sie «besonders attraktiven», «mäßig attraktiven» und «unattraktiven» Vertretern des anderen Geschlechts auf folgende Fragen antworten würden:
  1. «Willst du mit mir ausgehen?»
  2. «Kommst du mit in meine Wohnung?»
  3. «Willst du mit mir schlafen?»
Die Frauen würden fast ausschließlich bei den besonders attraktiven Männern öfter mit «Ja» antworten. Die männlichen Probanden nahmen fast alles.

Quelle: Achim Schützwohl, «How Willing Are You to Accept Sexual Requests from Slightly Unattractive to Exceptionally Attractive Imagined Requestors?», 2009

6. Frauen wollen Machos. Männer unterwürfige Frauen
Bei der Wahl eines Partners für einen One-Night-Stand fühlen sich Frauen eher zu angeberisch blickenden Machos als zu freundlich lachenden Männern hingezogen.
Bei Männern zeigt sich das gegenteilige Bild: Sie finden lächelnde Frauen attraktiver. Die betreffende Studie bietet auch eine Erklärung an: Demnach nehmen Frauen dominante Männer als starke Ernährer wahr, lächelnde Frauen wirken auf Männer schlichtweg verfügbarer.

Quelle: www.welt.de/partnerschaft/article13389432/Wenn-Maenner-laecheln-misslingt-der-One-Night-Stand.html

7. Breite Hüften haben öfter One-Night-Stands.
Frauen mit einer Hüftbreite von über 36 Zentimetern haben
häufiger wechselnde Partner und verhalten sich promiskui-
tiver. Warum denn das? Die evolutionsgeschichtliche Erklärung lautet, dass sie wegen des breiten Beckens instinktiv
weniger Angst vor einer schmerzhaften Geburt haben.

Quelle: Journal Archives of Sexual Behavior, April 2014

8. Männer fühlen sich danach eher gut. Frauen schlecht.
Knapp 80 Prozent der Männer fühlten sich nach einem One-
Night-Stand gut, von den Frauen hingegen nur 54 Prozent.
Obwohl sie keine dauerhafte Partnerschaft mit dem Sex-
partner anstrebten, gaben die Frauen zudem häufig an, sich
«benutzt» zu fühlen.

Quelle: Anne Campbell, «The Morning After the Night Before»,
2008

Traurige Wahrheit 337
BESSER SCHLECHT ALS GAR NICHT.
Alles egal: 42 Prozent der Männer finden, schlechter Sex sei
immer noch besser als überhaupt kein Sex.

Quelle: http://www.express.de/3643394

Traurige Wahrheit 338
**BEIM ERSTEN MAL BLEIBT BEI 41 PROZENT DER JUNGEN MÄNNER
DER PENIS SCHLAFF.**

Quelle: medizinauskunft.de

Traurige Wahrheit 339

TOTALE FEHLANZEIGE.

Auf die Frage «Was könnte Ihr Liebesleben verbessern?»
antworten 12 Prozent der Deutschen: «Ich habe gar kein
Liebesleben.»

Quelle: http://www.express.de/3643394 ©2016

Traurige Wahrheit 340

**ETWA 400 000 FRAUEN IN DEUTSCHLAND ARBEITEN IN DER
PROSTITUTION.**

Zwischen 1 200 000 bis 1 500 000 Männer bezahlen täglich
für Sex.

Quelle: http://www.express.de/3643394 ©2016

Traurige Wahrheit 341

DIE LUST DES ÄLTERWERDENS.

In einer amerikanischen Studie wurden über 5000 Männer
und Frauen nach der Häufigkeit von vaginalem Geschlechtsverkehr befragt.

Keinen Sex hatten in der Altersgruppe 40 bis 49:

48,9 % der Single-Männer
71,1 % der Single-Frauen
29,9 % der in Partnerschaften lebenden Männer
20,6 % der in Partnerschaften lebenden Frauen
9,1 % der verheirateten Männer
8,1 % der verheirateten Frauen

Vaginalen Sex hatten von den über 70-Jährigen:

18,5 % der Single-Männer
0 % der Single-Frauen
73,7 % der in Partnerschaften lebenden Männer
69,3 % der in Partnerschaften lebenden Frauen
45,8 % der verheirateten Männer
46,5 % der verheirateten Frauen

Quelle: Sexual Behavior in the United States

Traurige Wahrheit 342
PÄDOPHILIE IST NICHT SEHR SELTEN.
In einer Charité-Studie wurden 466 repräsentativ ausgewählte Männer befragt, welche sexuellen Reizmuster sie erregend finden – ohne sie jedoch unbedingt auszuleben:

Fetischismus: 33,9 %
Masochismus: 18,9 %
Sadismus: 23,6 %
Voyeurismus: 39,9 %
Exhibitionismus: 3,9 %
Pädophilie, bezogen auf Mädchen: 9,4 %
Pädophilie, bezogen auf Jungen: 3,4 %

Quelle: Charité

Traurige Wahrheit 343
WER LÄNGER RUMSITZT, KOMMT SPÄTER.
Frauen, die viel Zeit im Sitzen verbringen, verkürzen damit aktiv ihre Beckenbodenmuskeln. Werden diese Muskeln zu

kurz, beklagen sich Frauen öfter über Schwierigkeiten, zum Orgasmus zu kommen.

Quelle: Naomi Wolf, «Vagina: A New Biography», 2013

Traurige Wahrheit 344

LIEBER ONLINE ALS ZU ZWEIT.

46 Prozent der Befragten würden lieber zwei Wochen auf Sex verzichten als auf einen schnellen Zugang zum Internet.

Quelle: Intel-Survey

Traurige Wahrheit 345

NUR 43 PROZENT DER MENSCHEN SIND MIT IHREM SEXLEBEN ZUFRIEDEN.

Der Höhepunkt der Zufriedenheit liegt dabei laut Studie im Alter zwischen 20 und 30 Jahren. Nach 30 sinkt die Zufriedenheit rapide: Nur noch 46 Prozent der liierten Männer sind jetzt glücklich mit ihrem Liebesleben. Bei den Frauen sind es immerhin noch 53 Prozent.

Quelle: Marktforschungsinstitut Fittkau/Maaß

Traurige Wahrheit 346

BEZIEHUNGEN MACHEN SEXUELL NICHT WIRKLICH GLÜCKLICH.

Und das quer durch alle Altersgruppen. Jeder vierte Mann mit fester Freundin bezeichnet sich als «sexuell nicht glücklich» – bei den verheirateten sind es sogar 28 Prozent. Als Grund gelten die unterschiedlichen Erwartungen bei Mann und Frau: Drei Viertel der Männer wünschen sich «guten Sex und Erotik», die Hälfte will zudem sexuelle Erfahrungen sammeln. Frauen ist beides weniger wichtig – sie wünschen sich stattdessen «mehr Freiheiten zur persönlichen Entwicklung». In den ersten zehn Jahren der Beziehung nimmt die sexuelle Zufriedenheit im Mittel kontinuierlich ab und bleibt dann auf einem niedrigen Niveau. Das belegt eine weitere Untersuchung, an der 8204 Frauen und Männer teilnahmen.

Quelle: Scand Caring, «Sexuality and the satisfaction of sexual needs», 1990

Traurige Wahrheit 347
DIE KINDER SIND DA – DIE LEIDENSCHAFT IST WEG.
Paare mit Kindern sind sexuell unzufriedener und weniger aktiv. Jedes vierte Elternpaar schläft nicht mal ein Mal pro Monat miteinander. Ein Drittel gibt dabei an, sie wären weniger leidenschaftlich und abenteuerlustig. 28 Prozent geben als Entschuldigung einen engen Zeitplan an.

Quelle: YourTango.com and Trojan

Traurige Wahrheit 348
SINGLES SIND GENERELL SEXLOSER.
65 Prozent aller Singles haben weniger als einmal im Monat Sex.

Quelle: welt.de/icon/article142177219/Die-traurige-Sex-Realitaet-von-Paaren-und-UE-30ern.html

Traurige Wahrheit 349

30 PROZENT DER MÄNNER BENEIDEN DAS ANDERE GESCHLECHT UM IHRE PASSIVERE ROLLE.

Laut Studie liegt die Ursache hier in einer veränderten Rollenauffassung der jungen Generation.

Quelle: elitepartner.de/magazin/die-schoenste-nebensache-der-welt-sieben-fakten-zum-thema-sex.html

Traurige Wahrheit 350

NUR EINER VON 400 MÄNNERN KANN SICH SELBST ORAL BEFRIEDIGEN.

Traurig? Lustig? Entscheiden Sie. Man kann vermuten, dass es die anderen 399 Herren zumindest auch einmal versucht haben.

Quelle: Willian Guy, Michael Finn, «A Review of Autofellatio: A Psychological Study of Two New Cases», 1954

Traurige Wahrheit 351

EIN DRITTEL VERLETZT SICH JEDES JAHR BEIM SEX.

Wobei man hier auch Rückenschmerzen und Zerrungen mit eingerechnet hat. Das Sofa ist demnach der gefährlichste Ort für Sex.

Quelle: medicalinsurance.org

Traurige Wahrheit 352

FRAUEN DENKEN ZEHNMAL AM TAG AN SEX. UND 91-MAL AN MODE.

Quelle: Studie des britischen Onlineshops Very.co.uk

AUF DEN, VÖLLIG VERSCHIEDENEN, GIPFELN DER LUST.

Mit 18 Jahren haben Männer am meisten Testosteron im Blut und stehen auf dem Höhepunkt ihres sexuellen Verlangens. Danach geht es dann langsam, aber sicher den Berg wieder hinunter. Frauen lassen sich hier wieder mal Zeit: Im weiblichen Körper erreicht das Östrogen erst ganze zehn Jahre später den Höhepunkt.

Quelle: http://www.express.de/3643394

SEX IST TÖDLICH.

Ein Prozent aller Herzinfarkte werden durch Sex verursacht. Zehn Prozent durch zu schnelles Aufstehen aus dem Bett.

Quelle: news.de/gesundheit/855432469/sex-als-todesursache-killer-orgasmus-durch-herzprobleme-und-schlaganfall/1/

MASTURBATION IST DER HAUPTGRUND FÜR PENISRUPTUREN.

Allgemein auch als Penisbruch bezeichnet. Also, Hände auf die Bettdecken. Sonst erwarten Sie Blutergüsse statt Samenergüsse. Bei zu grober Masturbation kommt es schnell zu einem Platzen der Blutgefäße. Vielleicht ist das der Grund, warum Onanieren in Indonesien mit bis zu zwei Jahren Haftstrafe versehen werden kann. Vielleicht aber auch nicht.

Quelle: gesundpedia.de/Penisbruch

Traurige Wahrheit 356

ÜBERGEWICHTIGE MÄNNER HALTEN BEIM SEX LÄNGER DURCH.

Nichts wie raus aus dem Fitnessstudio. Und die Jogging-
schuhe zu Ebay. Vollschlanke Männer besitzen mehr vom
weiblichen «Sex-Hormon» Estradiol, das in Folge die Zeit
bis zur Ejakulation herauszögert. Und kommen Sie nicht
auf die Idee, das Rad zu benutzen.

Quelle: focus.de/gesundheit/ratgeber/sexualitaet/molliges-liebesleben-
warum-dicke-die-besseren-liebhaber-sind-und-mehr-sex-haben.html

Traurige Wahrheit 357

RADFAHREN BREMST DEN SEXUALTRIEB.

Endlich mal was Positives über das Auto. Durch langes
Sitzen auf Fahrradsätteln kommt es zur Verkalkung der
Blutgefäße im Schritt. Männer, die häufiger Rad fahren,
riskieren Impotenz und den Verlust der Libido.

Quelle: Boston University

Traurige Wahrheit 358

LIEBER PORNO ALS PARTNER.

Der steigende Pornographie-Konsum führt dazu, dass Sie
Ihren Partner weniger attraktiv finden. In Studien gaben
Pornosüchtige an, sich bei der Wahl zwischen einem warten-
den Partner im Bett und dem Internet lieber für das Internet zu entscheiden.

Quelle: Malcom, Naufal, «Are Pornography and Marriage
Substitutes for Young Men?», 2014

Traurige Wahrheit 359

MÄNNER WEINEN HÄUFIGER NACH DEM SEX.

Gut, ist aber ja auch alles zum Heulen. Die Wissenschaft spricht hier von PCT – postcoitaler Tristesse, ein Gefühl von Traurigkeit, Bereuen und Angst. Und das betrifft Männer wesentlich mehr als Frauen.

Quelle: Martin Hoffmann, «Sex-Fakten – Über Wunschvorstellungen und die ernüchternde Realität», 2008

Traurige Wahrheit 360

JEDEM 20. MANN IST BEIM SEX SCHON MAL DIE PARTNERIN EINGESCHLAFEN.

Aber wen wundert das nach all dem hier noch groß?

Quelle: http://www.express.de/3643394

Traurige Wahrheit 361

INTELLIGENTE MENSCHEN SIND LÄNGER JUNGFRAU.

Im Zuge einer Studenten-Befragung fand man zudem heraus: Kunststudierende besitzen die meisten sexuellen Erfahrungen. Mathematiker/innen die wenigsten.

Quelle: diepresse.com/home/science/324379/Schlaue-Menschen-spaeter-Sex

Traurige Wahrheit 362
LIEBER MIT DEM HAUSTIER ALS MIT DEM PARTNER.
Jeder Fünfte würde den Valentinstag lieber mit seinem
Haustier verbringen als mit dem Partner. Bei den unter
35-Jährigen ist es sogar jeder Vierte.

Quelle: Ipsos

Traurige Wahrheit 363
JEDE VIERTE IST FÜR SEX ZU MÜDE.
Das sagt sie nicht nur dem Partner, das sagt sie auch
anonym in Studien.

Quelle: National Sleep Foundation

Traurige Wahrheit 364
DAS HANDY ZERSTÖRT DIE SEX-ERWARTUNGEN IM URLAUB.
52 Prozent der Frauen und Männer erhoffen sich im Urlaub
besseren Sex; doch 60 Prozent kommen enttäuscht zurück.
Eine große Rolle spielt das Handy, an dem die Menschen
lieber rummachen.

Quelle: DUREX-Studie

Traurige Wahrheit 365
WARUM FRAUEN EINEN ORGASMUS VORTÄUSCHEN.
Gründe gibt es viele – hier die 20 häufigsten:

- Ich habe Mitleid mit dem Mann, der sich so sehr bemüht.
- Ich bin einfach nicht in der Stimmung.
- Ich weiß, dass ich heute eh keinen Orgasmus bekomme.

- Ich bin mit den Gedanken völlig woanders.
- Ich möchte seine Gefühle nicht verletzen.
- Der Sex ist langweilig.
- Er wartet nur auf mich.
- Es ist mir peinlich.
- Ich habe es eilig.
- Ich bin gestresst.
- Es soll doch toller Sex werden.
- Ich hatte auch so Spaß genug.
- Er braucht einfach zu lange.
- Die Stellung ist unkomfortabel.
- Meine Lust wird weniger.
- Ich habe/bekomme meine Tage.
- Ich fühle mich mit ihm unwohl.
- Der Sex erregt mich nicht.
- Es soll vorbei sein.
- Ich bekomme niemals einen Orgasmus.

Quelle: www.lovepanky.com/understanding-women/22-common-reasons-why-women-fake-an-orgasm-in-bed

10. IHR AUCH?

DIE GANZE WAHRHEIT ÜBER KINDER UND FAMILIE

Die Kelly Family! Die Check24-Familie! Die Familie Feuerstein! Um jetzt nur mal drei zu nennen. Diese Liste ließe sich bestimmt endlos fortsetzen. Aber man erkennt den Trend: Familien sind schwer angesagt unter Menschen. Eigentlich immer schon. Jeder hat Vater und Mutter. Ganz Mutige haben sogar eigene Kinder.

Grob kann man sagen: Wenn ein Kind da ist, redet man von Familie. Die kleinen Racker kommen nämlich allein nicht wirklich gut über die Runden. Au contraire, mon cher: Es soll immerzu gegessen werden. Und getrunken. Und dann kommt ja auch meist aus den Körperöffnungen schnell wieder alles zurück. Immer wieder muss und will man es zwanghaft in den Arm nehmen.

Gerade in den ersten Jahren brauchen Kinder ebenso verständiges wie folgsames Personal. Unbezahlt, versteht sich – in so eine schnittige Pampers passt ja nicht mal Trinkgeld. Entlang dieser ehrenamtlichen Dienstleistungs- und Versorgungskette gruppiert sich also notgedrungen besagte Familie.

Die Gruppengröße hier ist sehr variabel. Los geht's bei einer Fürsorge-Person und führt dann bis hinauf auf Festivalgröße – wie die der saudischen Herrscherfamilie mit über 7000 Mitgliedern (Stand 2015, erfasst wurden hier die Männer. Frauen zählen nicht). Die richtige Familiengröße gibt es irgendwie nicht wirklich. Meine private Schätzung: Der harte

Kern, die echte-echte Familie-Familie, passt wahrscheinlich in den meisten Fällen immer komplett auf ein Selfie. Auch wenn man manchmal den Arm ganz lang machen muss.

Natürlich gibt es Leute, die ihren Biker-Club, ihre Instagram-Follower, die Bridge-Damen, die Kneipen-Abhänger oder die zwanzig Katzen als Familie oder sogar als «ihre echte Familie» bezeichnen. Auch traurig, ja, aber um die geht's hier nicht. Wir reden strikt von der Blutlinie. Von denen, die zuerst als Spender in Frage kommen. Von denen, deren eigenwillige Nasenform wir eines Morgens mit großem Schrecken auch an uns erkennen. Von denen, die man zu Taufen einladen oder bei Facebook adden muss. Von denen, die man sich nun mal leider nicht aussuchen kann. Aber machen wir es jetzt mal nicht schlechter, als es ist, dafür gibt es ja die Fakten:

Traurige Wahrheit 366
WEIHNACHTSWUNSCH: «EINEN PAPA.»
Befragt nach ihren größten Weihnachtswünschen, geben englische Kinder an zehnthäufigster Stelle an: einen Daddy.

Quelle: Umfrage Westfield London, 2012

Traurige Wahrheit 367
JEDES VIERTE KIND WÜNSCHT SICH MEHR ZEIT MIT DEM VATER.
Auch in Deutschland herrscht Papa-Mangel: Ein Viertel aller deutschen Kinder würde gern mehr mit seinem Vater spielen, kochen, backen oder Sport machen.

Quelle: LBS-Kinderbarometer 2012

Traurige Wahrheit 368

JEDES ZEHNTE KIND HAT EINEN ANDEREN VATER, ALS ES DENKT.

Quelle: handelsblatt.com/archiv/jedes-zehnte-kind-hat-einen-anderen-vater-als-es-meint-ganz-der-papa-auf-zum-vaterschaftstest/2163770.html

Traurige Wahrheit 369

ETWA JEDES SIEBTE PAAR IST UNGEWOLLT KINDERLOS.

Die Zahl der ungewollt kinderlosen Paare lässt sich weltweit auf gigantische 80 Millionen hochrechnen. Die Ursachen liegen zu etwa 40 Prozent beim Mann und zu 40 Prozent bei der Frau, zu 10 Prozent in einer Kombination aus beiden. Für die verbleibenden 10 Prozent konnte bislang keine direkte Ursache der Kinderlosigkeit festgestellt werden.

Quelle: WHO

Traurige Wahrheit 370

AUF 680 000 GEBORENE KINDER KOMMEN MEHR ALS 100 000 GEMELDETE ABTREIBUNGEN.

In Deutschland. Pro Jahr. Die Dunkelziffer ist nach Einschätzung von Experten sogar noch einmal so hoch.

Quelle: Focus Online, 13. 09. 2015

Traurige Wahrheit 371

JEDER ZWEITE MANN UNTER 45 GLAUBT, DASS KINDER KEIN GLÜCKLICHERES LEBEN GARANTIEREN.

Quelle: Allensbach Institut.

Traurige Wahrheit 372

EHEFRAUEN MIT KINDERN HABEN DIE WENIGSTEN FREUNDE.

Im Schnitt kommen sie auf 6,3 Freunde. Auf der anderen
Seite: Kinderlose Single-Männer kommen auf 10,3 Freunde.

Quelle: Brian Gillespie, «Close adult friendships, gender, and the life
cycle», *Journal of Social and Personal Relationships*, 2015

Traurige Wahrheit 373

JEDE SIEBTE SCHWANGERSCHAFT ENDET MIT EINER FEHLGEBURT.

Die Gefahr, das Kind zu verlieren, ist bis zur fünften
Schwangerschaftswoche am größten – meist weiß die
betroffene Frau nicht einmal, dass sie schwanger war. Bis
zu fünf Prozent aller Paare erleben zudem zwei, knapp
ein Prozent sogar drei Schwangerschaftsverluste in Folge.

Quelle: kinderwunsch-uni-bonn.de

Traurige Wahrheit 374

FAST DIE HÄLFTE DER ELTERN SCHLÄGT IHRE KINDER.

40 Prozent der Mütter und Väter in Deutschland geben an,
ihren Kindern einen «Klaps auf den Po», wie es verharm-
losend heißt, zu geben. Zehn Prozent verteilen Ohrfeigen.
Zu Körperstrafen wie «ordentlich den Hintern versohlen»
greifen vier Prozent der Eltern.

Quelle: Forsa im Auftrag der Zeitschrift *Eltern*, 2012

37 MINUTEN AM TAG VERBRINGT EIN VATER MIT SEINEN KINDERN.

Das ist der durchschnittliche Wert für einen berufstätigen Mann mit Kindern. Nichtarbeitende Väter haben vermutlich mehr Zeit, allerdings nicht für die Kinder. Deren Nachwuchs erhält 48 Minuten Aufmerksamkeit pro Tag. Zur Erinnerung: Ein Tag hat 24 Stunden.

Quelle: Organisation für wirtschaftliche Zusammenarbeit und Entwicklung

6000 KINDER UND JUGENDLICHE WURDEN 2015 IN DEUTSCHLAND VERMISST.

879 davon waren unter 13 Jahren.

Quelle: welt.de/vermischtes/video150316789/Ueber-6000-Kinder-werden-in-Deutschland-vermisst.html

ES GIBT AKTUELL 210 MILLIONEN WAISENKINDER AUF DER WELT.

15 Prozent davon begehen Selbstmord vor ihrem 18. Lebensjahr.

Quelle: projectonefourtythree.org

MÜTTER KÜSSEN IHR NEUGEBORENES BABY REIN INSTINKTIV.

Durch diese Küsse nimmt die Mutter Bakterien und Viren des Kindes auf. Ihr Körper kann dann entsprechende Anti-

körper bilden und diese durch die Muttermilch an das Kind
weitergeben.

Quelle: dataparenting.com/the-studies-why-mothers-kiss-their-babies/

Traurige Wahrheit 379
ELTERN KÜMMERN SICH UM IHR SCHÖNSTES KIND AM MEISTEN.
Hübschere Kinder werden von ihren Eltern strenger beauf-
sichtigt: Je schöner das Kind ist, umso mehr wird es von
seinen Eltern betreut. Wie immer also knallhart: die Natur.
Die schönsten Individuen haben den größten Paarungser-
folg. Wir kümmern uns also am meisten um die Nachfahren,
die uns mit größter Wahrscheinlichkeit zu Großeltern
machen werden.

Quelle: Andrew Harrel, «Physical attractiveness of children and parental
supervision in grocery stores», 2005

Traurige Wahrheit 380
**WENN SIE KEINE KINDER HABEN, ENDET MIT IHNEN EINE
MILLIONEN JAHRE LANGE BLUTLINIE.**
Und zwar für immer. Unwiederbringlich. Der ganze Aufwand
war umsonst und vergebens.

Quelle: Das Leben

Traurige Wahrheit 381
**DIE UNFÄHIGKEIT ZU LIEBEN KANN WEITER-
VERERBT WERDEN.**
Quelle: Spiegel Online, Januar 2009

Traurige Wahrheit 382

DAS ERSTE KIND BELASTET EINE EHE BESONDERS.

Ein Baby macht das Eheglück perfekt? Im Gegenteil: Neun
von zehn Paaren geben an, ihre Beziehung habe darunter
besonders gelitten. Vor allem das erste Kind belastet eine
Partnerschaft ganz besonders. Diese Verschlechterung war
zudem keineswegs von kurzer Dauer, sondern hielt bei den
meisten Paaren während der gesamten Studie an. Und das
waren volle acht Jahre.

Quelle: Brian Doss, «Effect of coparenting and couple relationship
interventions on infant development», 2009

Traurige Wahrheit 383

WIR WOLLEN IMMER WAS ZURÜCK.

Blut ist dicker als Wasser. Und es soll bitte schön in beide
Richtungen fließen. Wenn wir Familienmitgliedern helfen,
erwarten wir unbewusst etwas zurück. Und umgekehrt
natürlich auch: Wenn die Verwandtschaft uns bei etwas hilft,
sollen wir etwas Gleich- oder sogar Höherwertiges für sie
leisten.

Quelle: Lidewji Niezink, «We Help Friends Due To Empathy; Relatives
Due To Expectation Of Reciprocity», 2008

Traurige Wahrheit 384

DIE JÜNGEREN GESCHWISTER SIND WENIGER INTELLIGENT.

Tests an 250 000 Angehörigen der norwegischen Armee
ergaben einen durchschnittlichen Intelligenzquotienten der
Erstgeborenen von 103,2 Punkten. Zweitgeborene kamen
nur noch auf 101,2 Punkte. Drittgeborene fielen noch weiter

auf durchschnittliche 100 Punkte ab. Als Grund wird vermutet, dass Eltern weniger Zeit auf die Interaktion mit den nachfolgenden Geschwistern verwenden.

Quelle: Petter Kristensen, Tor Bjerkedal, «Explaining the Relation Between Birth Order and Intelligence», 2007

Traurige Wahrheit 385
JEDE DRITTE SCHWANGERSCHAFT IST UNGEWOLLT.
17,7 Prozent aller Schwangerschaften werden dabei als ausdrücklich «ungewollt eingetreten» bezeichnet. 13,3 Prozent hätten zu einem späteren Zeitpunkt eintreten sollen. Bei den restlichen konnten die befragten Frauen gar nicht erst einen genauen Grund angeben.

Quelle: BzgA-Studie «Frauenleben 3»

Traurige Wahrheit 386
UNERWÜNSCHTE KINDER HABEN MEHR ANGST IM LEBEN.
Depression, Panikattacken, Zwangsstörungen, Mager- und andere Süchte können bereits im Mutterbauch angelegt werden – dann, wenn die Neuronalnetze des Kindes sich ausbilden, der Hormonhaushalt eingestellt und das Immunsystem reguliert wird. Von dieser vorgeburtlichen Programmierung hängt ebenfalls die spätere Krankheitsanfälligkeit ab.

Quelle: Spiegel Online, Januar 2009

Traurige Wahrheit 387

ES GIBT EINEN ZEITPUNKT IM LEBEN, AN DEM SIE IHRE KINDER EIN LETZTES MAL AUF DEN ARM NEHMEN WERDEN.

Quelle: Das Leben

Traurige Wahrheit 388

FRAUEN KÖNNEN DAS BABYGESCHREI VON SÖHNEN SCHWERER ERTRAGEN.

Für Mütter ist es einfacher, dass Gebrüll ihrer weiblichen Nachkommen zu ertragen als das ihrer männlichen.

Quelle: Paul Eckman, «Emotions Revealed», 2003

Traurige Wahrheit 389

ELTERN VON TÖCHTERN LASSEN SICH ÖFTER SCHEIDEN.

Viele Männer heiraten nur dann eine Frau oder führen mit ihr weiterhin eine Ehe, wenn diese zuerst einen Sohn zur Welt gebracht hat. In Folge leben also weitaus mehr Jungen mit beiden Elternteilen zusammen, als dies bei Mädchen der Fall ist. Die Wissenschaftler hinter dieser Studie vermuten, dass Väter zu ihren Söhnen eine engere Bindung aufbauen. Die daraus resultierenden gemeinsamen Aktivitäten würden sich demnach wiederum positiv auf die Beziehung zu ihren Partnerinnen auswirken. Und zu einer stabileren Partnerschaft führen.

Quelle: derwesten.de/leben/studie-toechter-sind-gefaehrlich-fuer-die-beziehung-der-eltern-id12170216.html#plx391090062

DIE GEBURT DES DRITTEN KINDES STEIGERT DAS GLÜCK AM WENIGSTEN.

Den Gipfel ihres Glücks erreichen werdende Eltern kurz vor der Geburt des ersten Kindes. Nach der Geburt fällt das Glücksgefühl wieder auf das Ausgangsniveau zurück. Für das zweite Kind gilt in etwa die gleiche Entwicklung. Während der Schwangerschaft und kurz nach der Geburt des dritten Kindes zeigen sich aber keine weiteren Zuwächse des Glücksempfindens.

Quelle: mamamia.com.au/will-third-baby-make-happier-research-says/

Traurige Wahrheit 391

WARUM MENSCHEN KEINE KINDER HABEN WOLLEN.

Männer und Frauen wurden anonym gebeten, die Gründe zu verraten, warum sie ganz bewusst auf das Kinderkriegen verzichten. Hier die häufigsten Nennungen – in loser Reihenfolge:

«Ich bin nicht sicher, ob ich meine Liebe für die Kinder zugunsten einer anderen Leidenschaft aufgeben kann oder möchte. Wir haben ja auch noch die Hunde, den Sport, die Hobbys ...»

«Ich möchte keine Kinder, weil ich Angst habe, dass ich sie so behandeln werde wie meine Eltern mich.»

«Ich möchte keine Kinder, weil ich wahrscheinlich nicht genug Kraft haben werde, sie uneingeschränkt zu lieben.»

«Ich möchte keine Kinder, weil sie nicht so hässlich werden sollen wie ich.»

«Ich möchte keine Kinder, weil meine Beziehung oder Ehe nicht lang dauern wird und sie nicht in einem kaputten Zuhause aufwachsen sollen.»

«Ich möchte keine Kinder, weil ich insgeheim Angst habe, dass ich keine bekommen kann.»

«Ich möchte keine Kinder, weil eine Schwangerschaft und / oder eine Geburt meinen Körper ruinieren wird.»

«Ich möchte keine Kinder, weil ich nicht möchte, dass sie dieselben psychischen Probleme wie mein Vater / meine Schwester/ich bekommen.»

«Ich möchte keine Kinder, weil ich meine Frau nicht mit anderen teilen möchte.»

«Ich möchte keine Kinder, weil ich befürchte, dass mein Sexleben dann darunter leiden wird.»

«Ich möchte keine Kinder, weil ich befürchte, dass ich niemanden finde, mit dem ich gern Kinder kriegen möchte.»

«Ich habe Angst, Kinder zu bekommen, weil ich als Kind unbeliebt war.»

«Ich möchte keine Kinder haben, weil ich zu selbstverliebt bin, um eine gute Mutter zu sein.»

«Ich möchte keine Kinder, weil die Welt schlecht ist. Und immer schlechter wird.»

«Ich möchte keine Kinder, weil mein Leben sich dadurch zu sehr ändern würde.»

Quelle: whisper.com

Traurige Wahrheit 392

DAS RISIKO, VOM MANN BETROGEN ZU WERDEN, STEIGT WÄHREND DER SCHWANGERSCHAFT.

Quelle: Mark Whismann, «Predicting sexual infidelity in a population-based sample of married individuals», 2007

Traurige Wahrheit 393

SÖHNEN WIRD MEHR ERKLÄRT ALS TÖCHTERN.

Mütter und Väter erklären ihren Söhnen mehr als dreimal so häufig Dinge und Sachverhalte («Das funktioniert so ...», «Das ist dafür da, dass ...», «Das macht man, um ...») als ihren Töchtern. Und das, obwohl Mädchen und Jungen im Kleinkindalter gleich viel nachfragen.

Quelle: Kevin Crowley, «Parents explain more often to boys than to girls during shared scientific thinking», 2001

NICHTBERUFSTÄTIGE MÜTTER SIND DEPRESSIVER.

Die Gründe hierfür liegen zu gleichen Teilen in der Unter-
schätzung ihrer Tätigkeit sowie der Isolation durch die
Zeit zu Hause und dem mangelnden Austausch in der
Geschäftswelt.

Quelle: Gallup Analysis 2010

11. BITTER!

DIE GANZE WAHRHEIT ÜBER DAS GROSSE GLÜCK

> «Die Menschen warten die ganze Woche auf Freitag,
> das ganze Jahr auf den Sommer
> und das ganze Leben auf das Glück.»
> *– Kalenderspruch*

Glück, ja genau: GLÜCK! Das große Sehnsuchtsziel. Es liegt irgendwo dort, wo alles immer gut ist. Da, wo sich all die Mühen und all die Plackerei gelohnt haben. Irgendwo anders ist es bestimmt. Irgendwo morgen liegt es doch wohl.

Glück. Da müssen wir hin. Dafür leben wir.

Das Glück wollen sie alle. Ob Hobbykoch oder Liegeradfahrer, Amateurmodel oder Berufspolitiker, Freeclimber oder Barista, Aussteiger oder DAX-Vorstand, Mann oder Frau – darauf können sich eigentlich alle einigen. Aber keiner weiß so recht, wie und wann und vor allem: Wo?

Partner, Hochzeit, Kinder, Job, Smoothies, Geld, straffer Bauch – all das steht seit langem schwer unter Verdacht, uns extrem glücklich machen zu können. Aber auch die, die nach landläufiger Meinung schon ganz oben auf dem Glücks-Mount Everest angekommen sind – weil sie entweder reich oder schön oder talentiert oder sorgenfrei sind –, auch die suchen weiterhin nach höheren Höhen. Sie gucken nach ein paar Wochen nicht mehr beseelt und sanft umwindet von ihren Dachterrassen über die südfranzösische Mittelmeerküste auf ihre Yachten. Sie nippen nicht am Rosé und malen nebenbei Aquarelle. Nein, sie wollen noch mehr, Neues, Anderes, Besseres. Irgendwas juckt sie und kratzt sie.

Die Suche geht immer weiter. Die Aussicht auf das große

Glück ist der alte, starre Blick des Esels auf die Karotte vor seiner Nase. Sie lässt uns alle verkrampft durchs Land und durchs Leben ziehen. Warum bloß? Schauen wir doch mal. Glück auf!

Traurige Wahrheit 395
NUR ZWEI DINGE MACHEN SIE GLÜCKLICH.
Serotonin und Dopamin. Genau genommen die einzigen beiden Dinge auf dieser Welt, die wirklich für Glücksgefühle sorgen. Mit dem bloßen Auge ist keines von beiden zu erkennen. Aber dafür betreiben die Menschen einen Höllenaufwand.

Quelle: Wikipedia

Traurige Wahrheit 396
ALLES ZU WOLLEN WIRD SIE UNGLÜCKLICH MACHEN.
Menschen, die möglichst viel aus ihrer Zeit machen wollen, machen sich damit schnell unglücklich. Einfache Dinge wie Musik hören oder ein Buch lesen werden durch diese Einstellung als völlig unproduktiv wahrgenommen und lösen so statt Zufriedenheit und Ruhe nur Ungeduld und noch mehr Stress aus.

Quelle: rotman.utoronto.ca/Connect/MediaCentre/News Releases/Time-Money-LessHappiness

DIE NOT ANDERER MACHT SIE GLÜCKLICH.

Diese Neigung zur Schadenfreude ist wahrscheinlich angeboren. Studien zeigen, dass bereits zweijährige Kinder positiv auf die Misserfolge und die Missgeschicke anderer Menschen reagieren.

Quelle: haifa.ac.il/index.php/en/11-english/news-english/856-pleasure-at-another-s-misfortune-is-evident-in-children-as-young-as-two

MANCHE MENSCHEN KÖNNEN GAR NICHT GLÜCKLICH SEIN.

Wieder die Gene. Und wieder die Forschung: Das Gen 5-HTT ist vermutlich für die Fokussierung auf die guten Seiten des Lebens verantwortlich. Menschen, die zwei kurze Varianten dieses Gens ererbt haben, zeigen sich empfänglicher für die negativen Seiten.

Quelle: Andrea Kobiella, «How the serotonin transporter 5-HTTLPR polymorphism influences amygdala function: the roles of *in vivo* serotonin transporter expression and amygdala structure», 2011

MAN KANN ANGST VOR DEM GLÜCK HABEN.

Und es handelt sich um eine wirklich universelle Angst: In 14 Ländern gaben Menschen an, sie hätten echte Angst vor dem Glück. Weil: Danach würde unweigerlich wieder eine schlechte Phase kommen müssen.

Quelle: victoria.ac.nz/cacr/about/diversity-issues/do-people-fear-happiness

Traurige Wahrheit 400

IMMER WENIGER MENSCHEN SIND GLÜCKLICH.

Während über viele Jahre hinweg die Menschen angaben, im Laufe des Lebens zufriedener zu werden, hat sich dieser Trend seit 2010 umgekehrt. Mit zunehmendem Alter werden die Menschen seitdem immer unglücklicher.

Quelle: time.com/4101886/adults-less-happy-study/

Traurige Wahrheit 401

HEIRATEN WIRD SIE NICHT GLÜCKLICH MACHEN.

Auf jeden Fall nicht sehr lang. Auch das größte Eheglück verschwindet nach durchschnittlich zwei Jahren. Dann allerspätestens fällt die Zufriedenheit der Ehepartner wieder auf ihr Ursprungsniveau zurück. Das Prinzip nennt sich «hedonistische Adaption» und sorgt dafür, dass langfristig nichts wirklich glücklich macht.

Quelle: nytimes.com/2012/12/02/opinion/sunday/new-love-a-short-shelf-life.html

Traurige Wahrheit 402

EiNE BEFÖRDERUNG WIRD SIE AUCH NICHT GLÜCKLICH MACHEN.

Unmittelbar nach einer Beförderung ist die Freude groß. Auf in die Bar und Bier für alle! Und noch 'ne Runde. Wurde auch Zeit. Endlich. Nach spätestens einem Jahr allerdings ist alles wieder beim Alten. Mehr noch: Sie müssen dann wahrscheinlich nur noch mehr arbeiten und Verantwortung tragen. Und Sie warten auf die nächste Beförderung.

Quelle: Wendy Boswell, «The Relationship Between Employee Job Change and Job Satisfaction: The Honeymoon-Hangover Effect», 2005

Traurige Wahrheit 403

URLAUB MACHT SIE AUCH NICHT GLÜCKLICH.

Die meisten Menschen erleben zwar ein gesteigertes Glücksgefühl bei der Planung des Urlaubs, sind aber auf der Reise selbst kaum glücklicher. Kurz danach hat uns dann der Alltag wieder vereinnahmt.

Quelle: livescience.com/9815-vacations-boost-happiness.html

Traurige Wahrheit 404

UND AUCH EIN LOTTOGEWINN WIRD SIE NICHT GLÜCKLICHER MACHEN.

Nach circa 18 Monaten erreichen Lottogewinner wieder das Glücksgefühl-Niveau, dass auch Menschen besitzen, die zuvor beim Lotto völlig leer ausgingen.

Auch die drei letzten Wahrheiten lassen sich unter dem Begriff der «hedonistischen Adaption» bündeln, besagter Anpassung des Gehirns, die hilft, negative Ereignisse rückblickend zu verbessern. Leider sorgt der gleiche Prozess als Gewöhnungseffekt auch dafür, dass uns Glücksgefühle nicht wirklich lange erhalten bleiben. Und wir immer wieder neu suchen müssen.

Und, ach ja: Die Chance auf einen Sechser im Lotto ist geringer als die «Chance», auf dem Weg zur Annahmestelle zu sterben.

Quelle: researchgate.net/publication/22451114_Lottery_Winners_and_Accident_Victims_Is_Happiness_Relative

Traurige Wahrheit 405

DAS GROSSE HAUS WIRD SIE EHER UNGLÜCKLICHER MACHEN.

An die drei Badezimmer werden Sie sich schnell gewöhnen.
Nur an das Putzen nicht. Auch werden Sie jeden Morgen
länger aus dem Villenviertel ins Büro fahren müssen. Die
Freude über das Häuschen im Grünen vergeht. Ihr rotes
Wutgesicht im Stau bleibt.

Quelle: Wendy Boswell, «The Relationship Between Employee Job
Change and Job Satisfaction: The Honeymoon-Hangover Effect», 2005

Traurige Wahrheit 406

AUCH PARTNER VON SUPERMODELS LASSEN SICH SCHEIDEN.

Nur falls Sie ein Mann sind und jetzt denken, hier lauere
das ewige Glück.

Quelle: Grazia, Bunte, Gala

Traurige Wahrheit 407

ALLES ÄNDERT SICH.
AUF NICHTS IST VERLASS.

Vielleicht ist die Veränderung nicht immer sofort offensichtlich. Aber nichts ist heute genau so, wie es gestern noch
war. Und auch morgen wird es wieder anders sein. Vor
hundert Jahren war es anders. Und in hundert Jahren ist es
wieder ganz anders. Nur darauf ist Verlass.
Wenn es Ihnen heute gutgeht, heißt das nichts für morgen.
Neue Menschen und Umstände kommen und gehen. Es
könnte besser werden. Oder schlechter. Das Leben lässt sich
nicht einfrieren. Tatsächlich ist Stillstand nichts anderes als

eine Art Tod. Lebendige Dinge sind immer, nun ja, lebendig.
Sie verändern sich.

Quelle: spektrum.de/lexikon/biologie-kompakt/modifikation/7707

Traurige Wahrheit 408
DAS LEBEN MACHT KEINE PAUSEN.
Die Zeit wird nicht für Sie angehalten. Und niemand wartet
auf Sie.

Quelle: spektrum.de/lexikon/biologie-kompakt/modifikation/7707

Traurige Wahrheit 409
**SIE KÖNNEN IHRE SACHE GUT MACHEN, ABER MANCHMAL IST ES
DIE FALSCHE SACHE.**
Und meistens weiß man es erst danach. Oder sehr viel
später.

Quelle: psychologytoday.com/blog/the-science-willpower/201112/how-
mistakes-can-make-you-smarter

Traurige Wahrheit 410
**DIE UNGLÜCKLICHSTEN MENSCHEN SIND DIE, DIE SICH AM
MEISTEN DAFÜR INTERESSIEREN, WAS ANDERE LEUTE DENKEN.**
Hier vielleicht mal zwei Anekdoten zur Auflockerung. Erstens: Madonna. Also, die Sängerin. Sie sagte mal, dass es ihr
bei den Vorstellungen ihrer Alben meist herzlich egal sei, ob
1000 Leute ihre Musik in höchsten Höhen hochlöben. Das
erfreue sie nur kurz. Aber es reiche, wenn nur ein Einziger
dabei wäre, der sich negativ äußere, dann fühle sie sich klein,
schlecht und unbedeutend.

Zweitens: Heidi Klum. Laut ihren Aussagen fühlt und fühlte sie sich im Bikini und mit Blicken auf ihre – wohl nur für sie sichtbaren – Makel immer tiefst unwohl. Für alle, die es nicht wissen: Heidi Klum ist eines der erfolgreichsten Models aller Zeiten.

Warum sich selbst Madonna und Heidi Klum so fühlen? Weil sie Menschen sind.

Quelle: nymag.com/scienceofus/2017/05/do-you-have-any-idea-what-other-people-think-of-you.html

Traurige Wahrheit 411

SIE WERDEN ES NIE SCHAFFEN.

«Erfolg» und «es schaffen» sind Begriffe, die extrem in die Irre führen. Sie versprechen uns einen möglichen Endpunkt all unserer Bestrebungen. Einen Zeitpunkt, an dem wir alles, was wir wollten, erreicht haben. An dem wir uns zurücklehnen werden, Weintrauben im Liegen essen und täglich mit Champagner duschen. Oder umgekehrt.

Auch wenn Sie dieses «es» irgendwann geschafft haben, Sie werden dann da sein. Sie. Mit sich. Mit ganz neuen Sorgen und neuen Problemen. Gucken Sie sich einfach mal die Menschen, die es in Ihren Augen geschafft haben, genau an. Sehen Sie.

Quelle: monbiot.com/2011/11/07/the-self-attribution-fallacy/

ZU VIEL GLÜCK MACHT SIE UNGLÜCKLICH.

Moment, jetzt reicht's! Doch, doch: Lang anhaltendes Glücksgefühl hat eine dunkle Seite – es lässt Menschen sich schuldig fühlen, es macht sie ichbezogen, fahrlässig und auf Dauer weniger erfolgreich.

Quelle: http://www.sciencedirect.com/science/article/pii/ S0022103110000259

ÜBER GLÜCK ZU REDEN MACHT WENIGER GLÜCKLICH.

In einer Studie hierzu wurde zwei Gruppen Studenten eine typische Gute-Laune-Komödie gezeigt. Eine Gruppe erhielt vorher eine Einweisung darüber, wie wichtig Glück und Zufriedenheit im Leben wären. Die andere Gruppe durfte den Film einfach so genießen. In einer anschließenden Befragung fühlte sich die zwanghaft auf das Glück hin fokussierte Gruppe signifikant unglücklicher.

Quelle: Iris Mauss, «Can Seeking Happiness Make People Happy? Paradoxical Effects of Valuing Happiness», 2011

ERFOLG HAT SEHR VIEL MIT ZUFALL ZU TUN.

Misserfolg auf Pech zurückzuführen liegt uns näher, als Erfolg dem Glück zuzuschreiben. Aber genau so ist es. Guckt man sich viele der großen Erfolgsstorys einmal genau an, sieht man, dass irgendwo immer jemand zur richtigen Zeit am richtigen Ort war. Ohne dies vorher konkret zu planen. Der schiere Zufall spielt Erfolgreichen oft genauso in die

Karten wie den Erfolglosen. Zum Glück braucht man halt auch Glück.

Quelle: bloomberg.com/news/articles/2016-09-01/why-luck-plays-a-big-role-in-making-you-rich

Traurige Wahrheit 415
WER DIE RICHTIGEN LEUTE KENNT, HAT GLÜCK.
Sie müssen jemanden kennen. Oder jemanden kennen, der jemanden kennt. Wenn Sie beruflichen Erfolg suchen. 80 Prozent ihrer Jobs finden Menschen über persönliche Kontakte. Auch um eine Ecke rum.

Quelle: sociology.stanford.edu/sites/default/files/publications/the_strength_of_weak_ties_and_exch_w-gans.pdf

Traurige Wahrheit 416
ES KANN SEIN, DASS SIE DEN GLÜCKLICHSTEN AUGENBLICK IHRES LEBENS BEREITS ERLEBT HABEN.

Quelle: huffingtonpost.co.uk/2015/01/07/top-ten-happiest-moments-in-life_n_6429144.html?

Traurige Wahrheit 417
GELD MACHT NICHT GLÜCKLICHER.
ABER ARMUT MACHT UNGLÜCKLICHER.

Quelle: Kostadin Kushlev, «Higher Income Is Associated With Less Daily Sadness but not More Daily Happiness», 2015

Traurige Wahrheit 418

WER NICHTS ERWARTET, WIRD NICHT ENTTÄUSCHT.

In wenigen Worten schon fast die ganze Lehre aus diesem
Buch. Pessimisten wussten es sowieso schon: Wer wenig
erwartet, vermindert einerseits das Risiko, enttäuscht zu
werden, und erhöht dazu die Chancen, hier und da doch
noch mal positiv überrascht zu werden.

Quelle: ucl.ac.uk/news/news-articles/0616/140616-happiness-
equation-other-people

Traurige Wahrheit 419

SIE SIND NICHT PERFEKT.

Und Sie werden es niemals sein. Woher dieses blöde Buch
das wohl wissen will? Weil niemand perfekt ist. Perfektion
gibt es nicht. So wie Einhörner.
Es ist immer irgendwas. Eine Hässlichkeit, ein Fehler, ein
Versäumnis, eine Dummheit, ein Patzer, eine Unaufmerk-
samkeit, eine Gedankenlosigkeit, eine Schwäche. Und
manchmal ist es alles auf einmal. Wenn Sie doch darauf
warten, dass alles perfekt ist, dann streichen Sie sich bitte
folgenden Tag im Kalender rot an: Sankt-Nimmerleins-Tag.

Quelle: redorbit.com/news/health/1112744244/genetic-study-
nobody-perfect-120712/psychologytoday.com/blog/the-science-
willpower/201112/how-mistakes-can-make-you-smarter

12. SEUFZ!
DIE GANZE WAHRHEIT ÜBER DAS LEBEN

> «Mein Leben fühlt sich an wie ein Test,
> für den ich nicht gelernt habe.»
> – *Spruch auf einer Büro-Kaffeetasse*

Warum das alles? Die Frage musste ja kommen. Über nichts wurde so viel nachgedacht wie über das Leben selbst. Mit höchst unterschiedlichen, teilweise recht zweifelhaften Ergebnissen. Seit wir Menschen zum ersten Mal den Kopf frei hatten, um über das bloße Überleben hinaus zu sinnieren, sind wir sowohl erstaunt als auch verwirrt. Vor allem darüber, dass wir überhaupt am Leben sind. Das große Warum. Warum sind wir hier? Warum leben wir? Warum das alles? Was soll das denn bloß? Seit jeher quälen wir uns mit den vermeintlich großen Fragen nach dem Sinn und Zweck dieser ganzen Veranstaltung.

Der Großteil der Menschheit hat sich allerdings entschlossen, diese Fragen die meiste Zeit über auszublenden – wahrscheinlich aus Faulheit und aus der leisen Ahnung, dass die Antworten recht wenig erbaulich sein werden. Verständlich. Die plausibelste Antwort lautet ja bis heute: Darum.

Auf der anderen Seite gab und gibt es immer Menschen, die die existentiellen Ängste vor dem Ungewissen ausnutzen und einfach selbstgemachte Gewissheiten als vordergründigen Trost und Heilslehre anbieten. Aus Profit- oder Geltungssucht, aus Niedertracht. Oder nur aus Dummheit und schierer Naivität. Diese Illusionen haben über kurz oder lang immer wieder Schmerz, Leid, Hass, Angst, Krieg, Elend und Trauer geschaffen. Alles um vieles härter als die lapidare Erkenntnis, der sich auch dieses Buch hier anschließt: nämlich, dass wir als Menschen ein kleiner Teil einer sehr langen Kette des Lebendigen sind. Generationen um Generationen, die sich immer neu erfinden und es immer wieder schaffen, neue Plätze auf der Welt – und vielleicht sogar im Universum – einzunehmen. Dass wir dieses Leben wahrnehmen, fühlen und mitgestalten können, ist allem Anschein nach nur ein notwendiger Zufall – aber einer, der uns alle verbindet. Niemand hat mehr Recht, am Leben zu sein, als ein anderer. So.

Und da es jetzt schon so schön esoterisch wird: Vorhang auf – für ein paar der ganz großen Erkenntnisse.

Traurige Wahrheit 420

DIE ZUKUNFT VERSAUT IHNEN DIE GEGENWART.

Wirklich niemand weiß genau, was morgen kommt. Das macht die Zukunft zu einer wunderbar weißen Fläche, auf die man mit den dunkelsten Farben draufmalen kann. Sie können sich alle möglichen fürchterlichen Dinge für die Zukunft zusammenphantasieren. Nichts davon muss, kann, wird vermutlich eintreten. Was Sie davon aber bekommen, ist: Angst. Und die erleben Sie jetzt und hier als schmerzhaft real.

Quelle: Paul Verhaeghen, «Creativity, Mood, and the Examined Life: Self-Reflective Rumination Boosts Creativity, Brooding Breeds Dysphoria. Psychology of Aesthetics, Creativity, and the Arts», 2014

Traurige Wahrheit 421

AUCH DIE VERGANGENHEIT VERDIRBT IHNEN DIE GEGENWART.

Alles ist passiert, wie es passiert ist. Bumm! Niemand kann die Zeit zurückdrehen. Was die Vergangenheit allerdings jederzeit ändern kann, ist Ihre aktuelle Laune. Meist zum Schlechten.

Quelle: Dolores Albarracin, «The Cognitive Impact of Past Behavior: Influences on Beliefs, Attitudes, and Future Behavioral Decisions», 2000

Traurige Wahrheit 422

SIE KONTROLLIEREN IHR LEBEN ÜBERHAUPT NICHT.

Wenn man das «Sie» mal mit Ihrem Bewusstsein gleichsetzt, also das, was im wachen Zustand Ihre Entscheidungen trifft, dann sind es nicht wirklich Sie, die Ihr Leben steuern. 95 Prozent aller Entscheidungen werden in der völligen Dunkelheit des Unbewussten getroffen.

Quelle: hbswk.hbs.edu/item/the-subconscious-mind-of-the-consumer-and-how-to-reach-it

Traurige Wahrheit 423

AUCH GUTEN LEUTEN PASSIEREN SCHLECHTE DINGE.

Das Leben ist super unfair. Selbst wenn Sie sich – und Ihren Körper, Ihre Freunde und Ihre Familie – 24 Stunden am Tag sieben Tage die Woche mit größter Sorgfalt behandeln, hegen und pflegen, sich um alles kümmern, für andere da sind, auf alles achten, immer gewissenhaft bleiben, freundlich, aufmerksam, zurückhaltend und zuvorkommend: Es wird Schicksalsschläge geben. Einfach so. Aus dem Nichts. Wie fröhlich Sie auch in den Wald hineinrufen mögen, manchmal kommt einfach ein fetter Bulldozer heraus und walzt alles und jeden platt.

Quelle: Michael Zwick, «Wahrnehmung von Risiken», 2002

Traurige Wahrheit 424
DER ERSTE SCHRITT IST DER SCHWERSTE.
Menschen halten Veränderungen oft für große Ereignisse, die von jetzt auf gleich stattfinden (müssen) und alles auf den Kopf stellen. Tatsächlich sind Veränderungen in den allermeisten Fällen kriechend langsame Prozesse, die nach und nach vollzogen werden. Diese falsche Wahrnehmung sorgt für große Angst und löst Stress aus.

Quelle: J. O. Prochaska, «In Search of How People Change», 1992

Traurige Wahrheit 425
SIE KÖNNEN DAS ENDE NICHT WIRKLICH VERDRÄNGEN.
In Gedanken vielleicht. Lügen Sie sich einfach in die Tasche. Das Ende beeindruckt das herzlich wenig. Es kommt trotzdem. Und Sie wissen nicht, wann.

Quelle: Henry Chang, «The Denying of Death: A Social Psychological Study», 1980

Traurige Wahrheit 426
SIE SIND NICHT WIRKLICH WICHTIG.
Dass Sie sich selbst als so zentrale und überaus interessante Figur der Gegenwart erleben, liegt nur daran, dass Sie Sie sind, dass Sie aus Ihren Augen herausgucken und dass Sie

mit Ihren Ohren alles hören. Klingt furchtbar lächerlich. Und das ist es ja auch.

Tatsächlich ist es nämlich so: Es kennt Sie kein Schwein. Außerhalb von Familie und Freunden existieren Sie für andere überhaupt nicht. Selbst in Ihrer engeren Bezugsgruppe kennt man Sie eigentlich nicht wirklich.

Vielleicht sind Sie sogar ein wenig prominent. Haben etwas erschaffen. Oder bewegen sich manchmal in der Öffentlichkeit. Das heißt aber auch nur, dass man diese eine Seite von Ihnen sehen kann. Ihre professionelle Seite. Auch die wird vergessen werden. Pro 100 Jahre Geschichte überleben 1000 Leute in den Geschichtsbüchern. Meist Kriegstreiber und Tyrannen.

Quelle: bbc.com/future/story/the-surprising-benefits-of-feeling-insignificant

Traurige Wahrheit 427
SIE VERSCHLAFEN EIN DRITTEL DES LEBENS.
Alle finden das Leben zu kurz. Dabei verschlafen wir davon sogar 25 Jahre komplett. Die meisten machen das gerne.

Quelle: bbc.co.uk/science/humanbody/sleep/articles/whatissleep.shtml

Traurige Wahrheit 428
SIE SCHAUEN KNAPP 6 STUNDEN UND 20 MINUTEN AM TAG ALLEIN AUF EINEN BILDSCHIRM.
Im Durchschnitt schaut jeder Deutsche 129 Minuten davon auf das TV, 77 Minuten auf einen PC oder Laptop, 137 Minuten auf ein Smartphone und 36 Minuten auf ein Tablet. Und

das sind die aktuellsten Zahlen von 2014, es ist wohl nicht besser geworden seitdem.

Quelle: Mery Meiers, Kleiner-Perkins-Caufield-Byers, «InternetTrends 2014», 2014

Traurige Wahrheit 429

DAS, WAS IHNEN GEHÖRT, IST NICHT DAS, WAS SIE SIND.

Dinge sind nur Dinge. Es ist alles Zeug, es wurde Ihnen verkauft oder geschenkt. Mit Absicht. Es geht irgendwann kaputt, die Farbe geht ab, es zerkratzt, es kommt aus der Mode, sie nehmen es nicht mehr wahr. Es steht im Weg rum. Es rostet. Es liegt schwer im Magen. Es funktioniert nicht mehr. Es wird geklaut. Es macht Ärger. Es schimmelt. Es stinkt. Es weckt Neid. Es hält Sie auf.

Und es hat alles nichts mit Ihnen zu tun. Sie können einen Bentley fahren, dann sind Sie ein Typ, der einen Bentley fährt. Sie können nach Sydney fliegen, dann sind Sie in Sydney gewesen. Für Bentley sind Sie ein Käufer und für Sydney ein Tourist. Sie können auch nichts haben. Dann sind Sie eben der Typ, der nichts hat. Alles in allem sind das nicht Sie.

Quelle: Travis Carter, «I am what I do, not what I have: the differential centrality of experiential and material purchases to the self», 2012

Traurige Wahrheit 430

NACHDENKEN MACHT SIE KRANK.

Das Grübeln stellt eine Form des Nachdenkens dar, bei dem die Gedanken um Themen oder ein spezielles Problem kreisen, ohne dabei zu einer Lösung zu gelangen. So die Lehrbuch-Erklärung. Und dies ist das dazugehörige Dilemma:

Wer seine Probleme nicht aktiv lösen kann, versinkt in einer großen Passivität. Es dreht sich nur noch um das Nachdenken. Und Nachdenken ohne zukunfts- und handlungsbezogene Lösungen macht auf Dauer krank.

Bestimmte Hirnregionen werden durch die immer wiederkehrenden, stets gleichen Gedanken überaktiviert. Dadurch können sich depressive Zwangs- oder Angst-Symptome verstärken. Oft stellen sich dann auch Schlafstörungen ein. Zugleich ist Angst ein Motor, der das Grübeln aufrechthält. Starkes Grübeln erhöht das Risiko, an einer wirklich schweren Depression zu erkranken.

Quelle: gesundheitstrends 2017

Traurige Wahrheit 431

DIE WELT GEHT UNTER.

Das vielleicht nur als kleine Notiz für den Hinterkopf, aber es wird wohl passieren: Unsere Sonne wird irgendwann zu einem Roten Riesen und sich so weit ausdehnen, dass unser Planet hier verglüht. Die Zeit bis dahin wurde bisher auf etwa vier Milliarden Jahre geschätzt. Neuere Rechnungen legen aber nahe, dass die Sonne schon vorher ihre Strahlkraft langsam und kontinuierlich steigern wird, sodass in ca. 900 Millionen Jahren aufgrund der Hitze kein höheres Leben auf der Erde mehr möglich sein wird.

Quelle: Wikipedia

WAS MAN AM LEBENSENDE AM MEISTEN BEREUT.

Die Australierin Bronnie Ware hat als Krankenschwester
viele Sterbende bis zum Ende begleitet. Regelmäßig hat sie
dabei ihre Patienten befragt, was sie rückblickend am
meisten bereuen. Falls Sie dieses Buch gekauft haben, um
irgendwas für Ihr Leben daraus zu lernen, bitte sehr:

1. *«Ich wünschte, ich hätte den Mut gehabt, mein Leben so zu
leben, wie ich es wollte, und nicht so, wie es andere von mir
erwartet haben.»*
Wir treffen viele Entscheidungen einfach nur danach, was
andere wollen oder glauben. Sie machen die Ausbildung, die
Ihre Eltern erwarten. Sie nehmen einen Job an, weil er Geld
bringt. Ihnen und Ihrer Familie. Sie verfolgen einen Ihrer
Träume nur deshalb nicht, weil andere es für verrückt halten.

2. *«Ich wünschte, ich hätte nicht so viel gearbeitet.»*
Ware berichtet, dass jeder, wirklich jeder, ihrer männlichen
Patienten dies zu Protokoll gab.

3. *«Ich wünschte, ich hätte meine Gefühle immer
ausgedrückt.»*
Wie oft beißt man sich auf die Zunge? Was hält so eine
Zunge eigentlich alles aus? «Reg dich nicht auf!», «Sag das
nicht!», «Lass dich nicht so von deinen Emotionen leiten.»
Kann richtig sein, kann falsch sein. Rückblickend kommt
es vielen auf jeden Fall falsch vor, dass sie sich nicht öfter
von ihrem Herzen und Bauchgefühl haben leiten lassen.

4. *«Ich wünschte, ich hätte mich mehr um meine Freunde gekümmert.»*

Hier schwingt natürlich auch mit, dass man sich wünscht, die Menschen hätten sich mehr um einen gekümmert. Von nix kommt nix – gilt in beide Richtungen.

5. *«Ich wünschte, ich hätte mich selbst glücklicher sein lassen.»*

Dies ist wahrscheinlich die traurigste Erkenntnis von allen. Wenn glücklich sein wirklich ein aktive Entscheidung ist, ist unglücklich sein dann auch eine?

NA, DANN.
SCHLUSSWORT

Glückwunsch! Beziehungsweise: Respekt! Mein Gott, Sie haben das Buch wirklich bis zum Ende gelesen. Doch wohl nicht am Stück?

Vielleicht schnaufen Sie jetzt erst mal ordentlich durch. Puuuuh ...

Warum Sie jetzt glücklicher sein sollten.

Vielleicht fragen Sie sich jetzt ja gerade wirklich, wofür Sie sich dann eigentlich jeden Morgen im Bad so zurechtmachen. Oder machen müssen. Für diesen ganzen Mist?

Aber wissen Sie was? Sparen Sie sich die Aufregung, morgen früh machen Sie es ja eh wieder.

Denn wie Sie ja gelesen haben – falls Sie nicht nur im Sex-Kapitelchen rumgeblättert haben –, was Menschen wirklich gut können, ist Verdrängen und Ausblenden.

Anders geht es ja auch kaum. Man würde wohl sonst auf der Stelle bekloppt werden.

90 Prozent des Buches haben Sie vermutlich eh schon vergessen. Seien Sie ehrlich. Die sind dann also schon mal raus aus dem Kopf. Und den Teil, den Sie sich gemerkt haben, haben Sie doch wahrscheinlich auch vorher schon so halbwegs geahnt. Auch okay. Da hat sich für Sie auch nicht groß was geändert.

Dann wären da noch die Sachen, die Sie vielleicht wirklich entsetzt haben. Die können Sie doch prima als Quatschkram und Übertreibungen ignorieren. Und sehen Sie, schon sind Sie fein aus der Nummer raus. So machen das Menschen. Immer schon.

Tatsächlich hat sich die Welt überhaupt nicht geändert, seit Sie dieses Buch aufgeschlagen haben. Nichts da draußen ist jetzt besser oder schlechter als vorher. Für niemanden. Für Sie auch nicht.

Zumindest das kann man als gute Nachricht sehen: Wir alle müssen uns mit dieser Welt rumschlagen. Wir sitzen alle im selben Boot. Eng auf eng. Einige gucken Sie doof an. Einer hat seinen Hund mit. Einige sitzen Ihnen unangenehm nah. Ein paar haben scheinbar auf Deo verzichtet. Der einzig Tolle an Board ist glücklich verheiratet. Ihre Frisur sitzt eh nicht. Wahrscheinlich regnet es auch noch. Und keiner will paddeln. Super. Das Leben als ewige Reise auf der Suche nach der Insel des Glücks.

Was sollten Sie jetzt tun? Am besten: Nichts.

Machen Sie sich nicht wild. Das macht Sie nur noch wilder.

Denn eine Sache wäre da noch:

Traurige Wahrheit 433
DIE SUCHE NACH DEM GLÜCK MACHT SIE UNGLÜCKLICH.

Weil die Suche nach dem Glück aus vielerlei Gründen (die meisten stehen in diesem Buch!) immer wieder und wieder scheitern muss, werden Menschen, die aktiv danach suchen, immer und immer wieder und wieder enttäuscht. Vom Leben, von den anderen Menschen und von sich. Man nennt es das «Glücksparadox», und es besagt traurigerweise auch: Je verbissener man das Glück sucht, desto härter wird man enttäuscht werden.

Quelle: Iris Mauss et al., «Can seeking happiness make people unhappy? Paradoxical effects of valuing happiness», 2011

Versuchen Sie also am besten, gar nicht groß dem Glück nachzulaufen. Versuchen Sie stattdessen vielleicht eher, dem Unglück ein wenig aus dem Weg zu gehen. Dank diesem kleinen Buch wissen Sie ja in etwa, wo es sich überall versteckt hält.

Laufen Sie einfach, so gut es geht, drum herum.

Vielleicht wollen Sie sich aber vorher doch noch die Beine rasieren?